EL LIBRO
DEL AMANTE
DE LA CERVEZA

CHRISTIAN BERGER
PHILIPPE DUBOË-LAURENCE

EL LIBRO
DEL AMANTE
DE LA CERVEZA

Traducción
de
Marcelo Cohen

El cuerno de la abundancia

EL CUERNO DE LA ABUNDANCIA
(Serie mayor)

11

Agradecimientos

Nuestra gratitud va para todos aquellos que nos han ayudado: cerveceros alemanes, ingleses, belgas, daneses, franceses y holandeses, por su cálida acogida, a las federaciones de cerveceros por su amistosa cooperación, a Jean-Paul Hébert, ingeniero-cervecero entusiasta, a los coleccionistas generosos del Gambrinus France, y a los participantes del grupo de trabajo sobre la Antropología alimentaria de las poblaciones tradicionales. Pero este libro no habría podido madurar sin el fermento de las amistades, sin esos traductores benévolos y esos compañeros de viaje, saboreadores de jarras de cerveza o diestros fotógrafos...

Diseño de M.ª Dolores Alcalá
© 1985, Éditions Robert Laffont, S.A. Paris.
© 1988, para la presente edición:

José J. de Olañeta, Editor

Apartado 296-07080 Palma de Mallorca
ISBN: 84-85354-22-7
Depósito Legal: B-19432 - 1987
Impreso en Sirven Grafic, S.A. Barcelona
Printed in Spain

«La cerveza conquistó inmensa fama,
mereció ilustres honras
en virtud de su excelencia;
buena bebida para las gentes graves,
daba alegría a las mujeres,
humor brillante a los hombres,
regocijaba a los piadosos
y hacía brincar a los locos.»

Kalevala, canto XX.

Prólogo

Sea rubia, morena o rojiza, la cerveza evoca un universo femenino, sensual y delicioso. ¿Cómo podría ser de otro modo si tenemos en cuenta que, por los siglos de los siglos, han sido las mujeres quienes han dado nacimiento a esa bebida amada por los hombres y los dioses? El anónimo consumidor que saborea una copa bien fría en el mostrador de un bar, sin duda no imagina siquiera el glorioso pasado del brebaje que lo reanima. Pero los auténticos aficionados no ignoran la enorme riqueza que encierra la historia de la cerveza. Es sobre todo pensando en ellos como hemos escrito esta obra, a fin de narrar esta aventura extraordinaria que, desde la prehistoria hasta el alba del siglo XXI, no ha dejado de acompañar el destino de la humanidad.

El mundo de la cerveza no se reduce a las fronteras de Europa. Nuestra bebida tiene carta de ciudadanía en todo el planeta. Partir en su búsqueda significa emprender una vuelta al mundo rica en enseñanzas. La cerveza de cebada de nuestras comarcas tiene su equivalente en las cervezas chinas de arroz y de trigo rubión, las incas de maíz o las africanas de mijo. Todos los pueblos, desde el Tibet hasta Escandinavia, honran este alimento líquido: ¡la cerveza es todo un símbolo!

Más que una cuestión de historia o geografía, pues, la cerveza es sobre todo un testimonio formidable de la cultura y los hábitos de los hombres de ayer y de hoy. Poción sagrada, bebida mitológica, fue compañera de los poderosos y los humildes, de los guerreros y los campesinos. Moderna y plena de temperamento, inalterable y siempre distinta, ella es el punto de reunión de las sedes insaciables y los paladares más exigentes.

De actividad artesanal desarrollada primero por las mujeres y más tarde por los monjes, la cerveza se ha transformado en floreciente industria. A su servicio se han puesto en nuestra época las tecnologías de punta, mejorando continuamente la calidad de las numerosas variedades existentes y creando otras nuevas para responder a los gustos cada vez más amplios de los consumidores. La cerveza constituye una gran familia entusiasta y próspera.

Asimismo es el símbolo de todo un arte de vivir. Pues la cerveza no podría dejarse paladear a tontas y a locas: como ocurre con todos los grandes asuntos de la vida, para entrar en su mundo es preciso iniciarse.

Ojalá este libro sirva para señalar el rumbo...

En el principio era la cerveza

El descubrimiento de la cerveza se pierde en la noche de los tiempos. Si su primer testimonio histórico data de la civilización sumeria, que hace cinco mil años inventó la escritura, para encontrar sus orígenes es menester remontarse a la prehistoria.

Mientras el hombre se dedica a la caza, la mujer prehistórica recoge, conserva, desentierra y descorteza todo lo que sus manos encuentran. El producto de sus recolecciones, puesto a cocer en agua abundante, produce unas sopas claras y fermentadas de gusto muy fuerte, por lo general ácido, amargo y áspero.

Aquello que no se utiliza durante la estación benigna es almacenado para el invierno. Poco a poco, a medida que se desarrolla el cultivo de los cereales y el almacenamiento permite preparar diversos tipos de harina, el gusto se vuelve más exigente y la «cocina» comienza a refinarse. Los caldos ácidos y transparentes dejan paso a las sopas espesas de sabor más suave.

Así pues, nuestra gourmet del paleolítico, experta en fermentaciones ácidas, no tarda en aplicarse a dominar la fermentación alcohólica. Todo depende de la sopa inicial, de la temperatura ambiente y de las levaduras silvestres que una tras otra va probando. El *kwasz* de los rusos −a base de centeno o de alforfón, de trigo o de cebada− y el *braga* de los eslavos −hecho de mijo− no se encuentran muy lejos de aquellas primeras sopas, a medias pan de beber, a medias cerveza fermentada, que también conocieron los babilonios.

Hay que destacar que, por una vez, el azar no compareció a la cita. Nada tuvo que ver aquí el cazo de sopa olvidado al sol: desde su mismo nacimiento la cerveza fue una cuestión de tecnología. Si los hombres han obtenido preparados de calidad cada vez mayor, fue con la ayuda de la experiencia acumulada y de innumerables tanteos. A partir de este tronco común, cada continente puede enorgullecerse de haber creado su propia variedad.

Mediterráneo: los inicios de una historia

Es en Súmer, en la Mesopotamia, donde se encuentran las primeras huellas escritas de la existencia de la cerveza. Numerosas tabletas de arcilla hacen mención, 4000 años AC, de una bebida que se obtiene de la fermentación de granos y se llama *sikaru*.

¡En esta civilización del cereal, el 40 por ciento de la producción de cebada, de espelta, de trigo y de mijo va a parar a la cervecería! Las mujeres fabrican panes malteados de cebada que luego dejan fermentar en agua. Al cabo de tres o cuatro días, provistos de canutos de paja o de caña, los catadores prueban una cerveza en la cual aún se ven flotar residuos sólidos... A estas alturas ya hay para todos los gustos: se ofrecen a la degustación más de veinte clases de cerveza. Y el brebaje sirve para todo: para pagar a los trabajadores, para curar a los enfermos, para honrar a los dioses...

Tumba de Ti: molido y cocción de panes de cebada que serán braceados en agua azucarada para obtener cerveza.

Cerveza ritual de sorgo durante un funeral entre los dogones (Mali).

Dos mil años más tarde, el advenimiento del imperio babilonio propina un buen golpe a la industria cervecera. Los nuevos amos de Babilonia reglamentan estrictamente tanto la venta como el consumo de los productos de la cervecería, tal como se puede apreciar en dos artículos del código de Hammurabi (siglo XVIII AC):

«En caso de que una tabernera haya rehusado recibir cebada en vez de cerveza, y haya aceptado en cambio recibir dinero en grandes cantidades, o en caso de que haya reducido la cantidad de cerveza en relación con la cantidad de cebada, se procederá a condenarla y se la arrojará al agua.» (Art. 108)

«Cuando una sacerdotisa que no pasa la noche dentro del claustro abra la puerta de una taberna o entre en ella a beber cerveza, esa mujer será quemada.» (Art. 110)

Hacia el año 600 AC los cerveceros del imperio se han convertido en personajes tan considerables que se ven libres del reclutamiento obligatorio. No obstante, durante las campañas deben acompañar a los ejércitos para mantenerlos bien provistos de pan y de bebida.

Uno tras otro los pueblos conquistados descubren la *siraku*. Tal es el origen de la palabra hebrea *shekar*, que significa «hallarse o ponerse en estado de ebriedad». En esa tierra de viñedos que es Palestina, la cerveza se abre un espacio tan notable que con el tiempo surge la necesidad de denunciar los abusos:

«¡Ay de vosotros, los que os levantáis de mañana a beber *shekar* y llegáis a la noche ebrios de vino!» (*Isaías*, 5.11)

Del *shekar*, por otra parte, no es mucho lo que se sabe, excepto que probablemente se trataba de un vino de cebada fabricado según la costumbre asiria o egipcia.

Pues lo cierto es que también Egipto –durante mucho tiempo considerado, erróneamente, cuna de la industria cervecera– no hizo sino retomar y desarrollar las técnicas de los mesopotamios. La cerveza, don divino colocado bajo la protección de Isis (diosa de los cereales) y de Osiris (patrono de los cerveceros), es allí sobre todo una bebida ceremonial vinculada al culto de los muertos.

Desde los tiempos de la primera dinastía (3315-3100 AC) se encuentran residuos de cerveza en las jarras del cementerio de Abú Roach. Atum, creador de la primera pareja divina, habla del siguiente modo por boca de un muerto:

«He venido a vosotros en la apariencia de Quien-es-hijo-y-es-hija, y me siento en mi trono que está en el horizonte; recibo las ofrendas de mis altares, al caer la noche bebo los cántaros de cerveza en ésta mi dignidad de Señor de todo.» (*Libro de los Muertos*)

Hacia el 2100 AC la victoria de los tebanos subvierte la estructura social del imperio. Dejando atrás su estatuto de poción de ofrendas religiosas, la cerveza se convierte en bebida de hospitalidad, moneda de cambio y base de pago de salarios. El faraón la distribuye entre el personal de los templos y abren sus puertas numerosas «casas de cerveza». Cada ciudad produce para sus propias necesidades. Muy pronto, sin embargo, el alza del consumo y los inicios de la exportación hacia el Mediterráneo impulsan la creación de verdaderas industrias cerveceras en ciudades del delta del Nilo tales como Pelusa (en la actualidad Port Saïd), por la cual, por cierto, pasara cierto viajero griego llamado Herodoto...

La ebriedad del guerrero

La Europa bárbara no escapa a la regla general: en todo lugar donde se cultive la cebada o el candeal, se fabrica cerveza.

Si la primera fuente «histórica» de la cerveza se encuentra en Oriente Medio, existe asimismo otra sin duda igualmente antigua: es aquélla que se sitúa en el norte de Europa, más o menos en el territorio que hoy en día ocupa Dinamarca. Es allí donde se ha encontrado, proveniente de la edad del bronce nórdica, un recipiente de corteza cosida que contiene los restos de una bebida hecha de la fermentación conjunta de cereales, miel, bayas y mirto.

En el curso de esta edad de bronce, hacia el año 1500 AC, las conmociones climáticas —el terrible invierno de Fimbul—, impulsan a esos pueblos de cerveceros nórdicos a dirigirse hacia el sur. En poco más de un milenio ocupan poco a poco la actual Alemania, Holanda y el norte de Francia, reemplazando a los celtas, que más tarde se verán obligados a colonizar las Islas Británicas e Irlanda.

Habrá que esperar al año 400 AC para que Europa conozca una paz relativa. Escandinavos, germanos y celtas, aunque celosos de sus respectivos territorios, comparten entonces una misma cultura en la cual la cerveza ocupa un lugar de excepción. En esta época, el cuerno de beber circula de la Península Ibérica a las orillas del Vístula, del mar Báltico al Adriático.

Tan sólo subsisten dos enclaves donde el vino sigue siendo el amo y señor: la Grecia clásica y el sur de Italia, incluida Sicilia. Pero en la periferia del mundo Griego, Dionisio, que más tarde llegará a personificar el zumo de la parra, aún sigue siendo el dios de la cerveza y de sus ritos.

Entre las belicosas tribus provenientes del norte, la cerveza es bebida de guerreros, poción de héroes, trofeo de la batalla entre los gigantes y los dioses. También es símbolo de prosperidad: cada vez que los graneros desbordan de malta, la cerveza corre sin medida para honrar a los dioses.

Durante los combates, se cuenta que son las valquirias –que sobrevuelan el campo de batalla– quienes escancian la cerveza a los bravos. Y tanto en el Valhöll nórdico como en el Walhalla germánico la bebida llena incesantemente las copas de los guerreros muertos.

En el año 279 AC, tribus celtas llegadas del norte devastan la ciudad de Delfos, una vez en la cual no se desprenden de su hábitos guerreros. Posidonio refiere cómo los celtas «beben vino de cebada» y organizan grandes festines: «... tras haber cubierto el suelo de heno, preparan unas mesas bajas de madera... Si los convidados son muchos, se colocan formando un círculo, quedando el lugar central reservado al más honorable de la partida, ya se trate de un jefe militar, de un héroe cuya destreza se tenga en la más alta estima, de un noble de alto linaje o de un hombre notable por su riqueza. Junto a éste individuo se coloca el anfitrión y a continuación, a uno y otro lado, el resto de los comensales según su condición. Detrás de ellos, de pie, se mantienen los encargados de sostener los escudos y las armas... Los que sirven la bebida aportan copas de barro cocido o de plata, no menos adornadas que los calderos...»

Con la ayuda de la ebriedad, la libación se convierte en torneo de bebedores y abre la puerta al juego de la muerte. Los propios dioses ofrecen ejemplos de lo fácil que resulta este tránsito de la cerveza a la sangre. En el banquete ofrecido por Aegir, dios del mar y cervecero de los Ases, su esposa Ran, que personifica la niebla, es una abastecedora por demás extraña y terrible:

«... En aquel banquete todo parecía servirse solo, alimento, bebida y cuanto accesorio fuese necesario. Fue entonces cuando los Ases descubrieron que Ran tenía una red en la cual apresaba a todos los seres humanos que se aproximaban por mar.» (*Skálsdskaparmál.*)

Tampoco deja de ocurrir que sean los asuntos de familia los que puedan zanjarse «definitivamente» en el curso de los banquetes. El celebérrimo *Ciclo de Sigurdr,* que se encuentra en los orígenes de la *Niebelungenlied* germánica, narra la venganza de Gudrun, quien hace beber a Atli la sangre de sus hijos mezclada con cerveza y servida en sus propios cráneos.

Las sagas noruegas e islandesas son ricas en esta clase de interminables ciclos en cuyos momentos álgidos, situados en medio de festines de cerveza, los protagonistas se lanzan maleficios, preparan cerveza emponzoñada o incluso alzan en armas la sala entera del banquete. El propio cuerno de beber oficia en ocasiones de objeto mágico para la protección de su propietario: grabado con signos rúnicos enrojecidos con sangre, ese cuerno es también un talismán. Al circular de mano en mano, comunica a todos los convidados un poco del carácter sagrado de la cerveza que el gran sacerdote, el jefe del clan o el sacrificador consagra a Thor, a Odín o a cualquier otra divinidad.

Mucho más tarde le tocará a una Europa ya cristiana descubrir con espanto a los vikingos, poseídos de una insaciable sed de depredación y de cerveza. Tras haber retrocedido frente a la avanzada del vino cristiano, la cerveza vuelve a bajar al mundo mediterráneo a bordo de las *drakkars* danesas o noruegas; pues los vikingos, extraordinarios navegantes, embarcan suficientes cantidades de malta y toneles de agua como para fabricar cerveza a bordo. De este modo pueden ofrendar a Ran o a Aegir la bebida que los mantendrá a salvo de naufragios y vientos adversos, procurándose al mismo tiempo una vitaminada medicina contra el escorbuto.

Hacia finales del primer milenio de nuestra era las expediciones vikingas hacia el sur de Europa se tornan más raras. Los temibles saqueadores se convierten en pacíficos aldeanos, estableciéndose en las regiones conquistadas. La edad de oro de los vikingos toca a su fin, y con ella culminan los últimos grandes movimientos de población europea.

Alrededor del año 1000 ya se dibuja nítidamente la separación hoy conocida entre una Europa del vino y otra de la cerveza. Utilizando para su beneficio el sentido primigenio de la libación nórdica, la progresiva cristianización de Escandinavia permite a la cerveza mantener su preeminencia en la Europa del Norte. En definitiva, la consecuencia última de la nueva religión será la transformación de la «cerveza del guerrero» en bebida de uso doméstico. Mutación ésta que se revelará profunda y definitiva:

«Muy distinta es hoy la conducta de los jóvenes a la de los tiempos de mi propia juventud; antes deseábamos llevar a cabo alguna proeza, fuera participando en una expedición guerrera, fuera procurándonos dinero y honor mediante una acción, por peligrosa que ésta se presentara. Hoy, en cambio, los jóvenes desean quedarse en casa, sentados junto al fuego, llenándose la panza de hidromiel y de cerveza; es por ello por lo que valentía y ardor se hallan en plena decadencia...» (Snorri Sturlusson, *Saga de los jefes del Valle del Lago*.)

Por los caminos de Asia

Inmemoriales cervezas chinas

Ya se trate de la fabricación de cerveza, del fundido del bronce o de agricultura, los chinos adquirieron un saber empírico evolucionado mucho antes que los occidentales y con mayor rapidez. En el dominio de la cerveza la primacía de los sumerios es meramente cronológica. Técnicamente fueron los chinos los responsables de las innovaciones fundamentales. Mientras que, entre el año 3000 y el 2000 antes de nuestra era, tanto babilonios como egipcios no dejan de practicar la arcaica preparación de panes de cerveza, en China ya se pasa a privilegiar el elemento líquido. ¡Y qué tendrá ello de sorprendente en un país donde el agua es omnipresente, donde hace cinco mil años nobles y reyes ya cazaban el pato y la grulla en tierras regularmente inundadas por el río Amarillo!

A partir del segundo milenio anterior a nuestra era, los más antiguos textos hablan del *t'ien tsiou* y del *tsiou,* dos estados líquidos de la cerveza, que en ese momento se produce con mijo. *T'ien tsiou* es la cerveza todavía verde, apenas clarificada, cuyo proceso de fermentación no se ha cumplido del todo; *tsiou* es, por el contrario, la cerveza final, bien aclarada ya al haber culminado la última de las fermentaciones.

Para los chinos de la época, la cerveza encubre dos principios: el del elemento líquido, propenso a descender, y el del elemento espirituoso, que tiende a subir. Dicho de otro modo, el agua y el fuego, que junto con la madera, el metal y la tierra conforman los cinco elementos del pensamiento chino. Bebida ritual ofrecida a los difuntos, este líquido precioso, derramado en la tierra durante los funerales, irá a unirse con el alma «corporal» oculta en las profundidades, al tiempo que su perfume, elevándose hacia el cielo, procurará la satisfacción del alma «celeste».

Tanto el pensamiento como el ritual chinos hacen pesar severas interdicciones sobre el empleo del líquido embriagador. Para beber al abrigo de un techo en la China imperial no faltan albergues. Pero si bien se tolera la ebriedad en sí misma, el hecho de beber en público se castiga severamente. «¿Han bebido juntos unos hombres del pueblo reunidos en turba?» Si así ha sido, se mandará «prenderlos, encadenarlos y conducirlos a la capital del imperio», donde el Hijo del Cielo, el «dulce» emperador Ou Wang... ¡los condenará a muerte, nada menos!

No es sólo fuera del palacio donde el uso de la cerveza se halla estrictamente codificado. Los vasos rituales confiados al rey, autoridad suprema, no deben dar pábulo a la corrupción sino a la costumbre de honrar el cielo, haciendo subir hacia él «el agradable aroma de una virtud perfecta». Notable sabiduría política: cada vez que, en lugar de elevarse hacia lo alto, el principio espiritual de la cerveza se consagra a emborrachar a los dignatarios, la paz del reino se ve amenazada y el poder del príncipe no tarda en ponerse en entredicho...

Poco a poco la región del Yangtsé, «bárbara» al principio y más tarde sometida lentamente a la influencia del norte, va siendo colonizada. Entran así en oposición dos modos de vida, dos tradiciones: los cultivadores de tierras del norte, consumidores de mijo y de trigo, contra los barqueros y marinos del sur, comedores de arroz. El advenimiento de la dinastía Han, en el siglo II AC, señala los comienzos del imperio de la China, que se extenderá desde las estepas mongolas hasta el sur del río Yangtsé. A estas alturas ya se conocen en China tres clases de cerveza: la *shu*, ancestral producto de la fermentación del mijo, la *li* una cerveza de arroz muy suave y casi incolora llevada a la corte por los dignatarios del sur, y por último la *chiu*, una bebida de candeal de color claro, más amarga que las otras y que exige un tiempo de preparación más largo. Cada una de ellas existe a su vez en tres calidades distintas, según el grado alcohólico, la intensidad del sabor y el grado de clarificación. ¡Como para satisfacer a la clientela más exigente!

«Tras las puertas de laca roja, viandas y cervezas se pudren. En los caminos yacen los cadáveres de los muertos de frío...»

En el año 605 el emperador Yang Di decide construir un gran canal que ha de unir los ríos Yangtsé y Amarillo. Súbitamente las técnicas de elaboración conocidas en el norte entrarán en contacto con la China arrocera. Las cervezas de arroz consumidas en el sur, para las cuales se aplican a partir de entonces las ancestrales técnicas desarrolladas en el norte, no tardan en difundirse por toda China, al tiempo que *chiu* se convierte en el nombre genérico de toda cerveza.

Bajo la égida de la dinastía Tang (618-907) aparecen las cervezas de estación. En base a las levaduras seleccionadas y cultivadas durante el sexto o séptimo mes lunar, se prepara una *chiu* de invierno que se pone a la venta durante el mes noveno. La cerveza más popular es la *chiu* de primavera, que acompaña, a comienzos de febrero, las grandes celebraciones de renovación.

Junto a las cervezas de estación florecen las especialidades. Algunas son nacionales como la *p'ei*, que no se filtra y es más conocida bajo el nombre popular de «hormigas flotantes» debido a los restos de granos que se conservan en el líquido. Otras son regionales, como la *sang-lo*, bebida de arroz de la región de Su-chou particularmente estimada por la nobleza.

La dinastía Song (960-1278) introduce dos novedades: el *champa*, un arroz originario de Vietnam que posibilita de dos a tres cosechas anuales, y una de cuyas variedades, fuertemente rica en gluten, será rápidamente empleada por la industria cervecera; y en segundo lugar el sorgo, llamado *kaoliang*, que se cultiva a pequeña escala en la provincia de Se-Chuan y será utilizado para fabricar una cerveza harto densa del mismo nombre.

Así será que cuando Marco Polo atraviese China, poco después de la caída de los Song, no habrá de mencionar más que el consumo de la cerveza de arroz sazonada. Uno de sus compatriotas, que a partir de 1310 dedica trece años a explorar Asia, refiriéndose a China no habla más que del *«vinum de riso»*. A todo lo largo del país la cerveza de arroz se ha impuesto a sus contrincantes.

Una vez atrás los difíciles momentos de la dominación mongola, bajo la dinastía Ming (1368-1644) China reemprende su andadura económica. A fin de tener bien llenas las bodegas de cerveza del emperador y aprovisionar esa verdadera ciudad que es el palacio imperial, los Ming crean manufacturas estatales de dimensión industrial. En cuanto al «mercado libre» de la cerveza, al igual que el del té y el de la sal se ve sometido a controles e impuestos para mayor provecho del tesoro imperial.

La última dinastía imperial china, la dinastía manchú de los Ts'ing, no aporta ningún cambio notable a la tradición cervecera. Junto a una cerveza nacional muy densa, fuerte en alcohol y a menudo dulce, casi alicorada, el favor de los aficionados se lo reparten ciertas especialidades regionales más secas o más ásperas. A partir del siglo XVIII los chinos empiezan a emplear el lúpulo para fabricar cervezas amargas. Lo almacenan en capas sucesivas, siguiendo el modelo de los «ladrillos» del té.

El siglo XIX marca la decadencia del poder manchú. En Tsing Tao, ciudad célebre por la pureza de sus aguas, se instala una colonia alemana. Allí se construye una fábrica de cerveza al estilo europeo y, al mismo tiempo que los soldados alemanes encuentran sabrosa la cerveza «china» importada por los establecimientos más afamados de Berlín, los chinos traban conocimiento con un nuevo tipo de producto y una técnica de fabricación por ellos desconocida.

En la actualidad la República Popular exporta algunas de estas cervezas «a la europea», cervezas de cebada con una fuerte proporción de arroz, pálidas, cristalinas y de un sabor muy fino: la renombrada Tsing-tao, o bien las Shangai Beer, Pekín Beer, Xian Beer o Snowflake Beer. *Beer* es la palabra inglesa que se emplea para las etiquetas de exportación, porque para el mercado interior se usa el término *pijiu*: es así como China distingue estas cervezas de fermentación baja de sus propias bebidas, las tradicionales *chiu*, llamadas *chiew* fuera del país.

El saké, una cerveza de arroz

Entre las cuatro o cinco nociones que configuran el Japón imaginario de los occidentales, hay al menos una completamente falsa: aquélla que pretende que el saké es un aguardiente, cuando en realidad se trata lisa y llanamente de una cerveza de arroz. En el proceso de preparación del saké no entra sombra alguna de destilación o maceración en alcohol.

Cierto es que las apariencias engañan: con una graduación de entre 10° y 20°, es la cerveza más fuerte del mundo. Brillante o ligeramente lechosa, por lo general es incolora, carece de espuma y no burbujea.

Al igual que la *chiu* china, el saké se prepara mediante el braceado. El arte todo de bracear reposa sobre la fabricación del *koji*, esa masa de arroz cocida, secada y puesta a fermentar en millares de litros de agua muy calcárea. Una vez cumplidas sus dos fermentaciones, el saké fresco, un poco joven aún, se decolora mediante carbón activado y se pone a madurar durante seis meses a temperatura baja y a la sombra.

En la tradición nipona el saké siempre ha estado vinculado al poder masculino, a la guerra y las acciones esplendorosas. El Kojiki, ese texto escrito en el año 712 por encargo del emperador Temmun, refiere cómo el legendario héroe Majestuoso-Masculino-Poderoso-Veloz capturó la boa de ocho cabezas de koshi. Para ello, ocho veces fabricó saké fermentado y se rodeó de una valla con ocho puertas. Detrás de cada puerta había un tonel de saké fermentado ocho veces. La boa de koshi, cuyo cuerpo cubierto de espuma, de tuya y de criptomeria se extendía sobre ocho valles y ocho colinas al mismo tiempo, no se hizo esperar demasiado. «Bebió el saké metiendo cada

En el agua profunda
ribera fecunda
la copela rezumante
de saké vibrante.

una de sus ocho cabezas en otros tantos toneles y se embriagó. Entonces Majestuoso-Masculino-Poderoso-Veloz sacó su larga espada de diez palmos y cortó la boa en rebanadas.»

Bebida del guerrero, el saké también fue el arma solapada que permitió someter a las tribus Ainu del norte. Estos primitivos habitantes de las islas Hokkaido-Sajalín vivían de la caza y de la pesca, dentro de un sistema comunitario que excluía toda clase de poder, hasta que descubrieron el saké... Puesto que no practicaban la agricultura, no tenían modo alguno de prepararlo ellos mismos, y poco a poco debieron ir aceptando las leoninas condiciones de trueque impuestas por los japoneses: un litro y medio de saké por una piel de marta de Sajalín, abrigo éste de gran calidad, muy apreciado, cuyo valor superaba con largueza el del desgraciado litro y medio de saké. Muy pronto la ávida búsqueda de aquella bebida perfumada acabó por someter a las tribus Ainu, que durante mucho tiempo habían rechazado denodadamente toda presión militar.

Fábrica de saké: horneado del arroz, preparación del mosto, braceado y fermentación, se trabaja y... ¡se controla el sabor!

Pero el estudio del saké revela al mismo tiempo no pocos encantos. Los *saké no sakana* suelen servir la bebida fría, con un poco de sal, en un recipiente de madera; o más a menudo aún caliente, en pequeñas copas llamadas *sakazuki* o *guinomi,* según sea su forma. Calentado al baño maría en los denominados *tokkuri* y servido a una temperatura de entre 40° y 50° C, desprende un fuerte perfume de cereal cuyo espíritu se resuelve en una impresión ácida.

Su secreto reside en el sorprendente contraste entre este aroma picante y un sabor muy dulce. Pues resulta ser que el alcohol de saké no va acompañado de ninguna astringencia cortante. Al servirse caliente, la acidez residual se evapora por completo. Una vez degustada una minúscula *sakazuki*, el saké deja en el paladar un regusto afrutado. ¡Mas hay que tener en cuenta que esto es irrepetible! Un saké sólo puede calentarse una vez: ¡si se lo vuelve a someter al calor, no servirá más que para la cocina!

El saké, varias veces milenario, detenta un lugar prominente en la vida cotidiana, los ritos agrarios y el cultivo del arroz. Desde hacía ya mucho tiempo desempeñaba en la sociedad japonesa un papel de excepción cuando en el año 805 fue introducido en el país el té o *cha*. Propagado por la secta budista Tendai y adoptado súbitamente por el emperador, el té, reservado a un círculo de iniciados, desempeña un papel más bien religioso y filosófico.

Alejado de las búsquedas espirituales de los templos zen, del recogimiento ceremonial de las casas de té, el saké tiene que ver con la fiesta, con el desbordamiento público. En la taberna, donde la gente se mezcla, el saké ocupa un sitio de honor. «En toda ocasión se empieza por ofrecer saké, y existe la convicción de que obligar a los invitados es divertido», escribía hacia 1330 el monje Urabé Kenkô, condenando al saké por ser causante del desarreglo de los tocados ceremoniales, de la risa de las mujeres, de los bailes y los cantos desenfrenados... ¡y hasta de hacer brincar a los más ancianos bonzos!

Así como el té, un legado de China, testimonia la larga dependencia cultural japonesa de los fulgores del Imperio del Medio, el saké, vinculado a la ancestral cultura nipona del arroz, es tan viejo como el Japón mismo. Ni siquiera el arrollador empuje de la industrialización ha logrado aniquilar los ritos agrarios y las fiestas de la divinidad del arroz, en las cuales el saké brilla con alta majestad. Una creencia muy antigua pretende que los dioses se reúnen en Izumo durante el décimo mes del año ritual (*kami nashi-zuki*: «mes en el que se fabrica el saké») para disfrutar de la bebida y platicar sobre la vida familiar de los humanos.

Otra costumbre de larga data es celebrar *kiku-en*, o banquetes de crisantemos, en el curso de los cuales se bebe saké aromatizado por esas flores y acompañado de arroz cocido y castañas. ¡Durante el décimoprimer mes se hace beber saké a los más pequeños para garantizarles una buena salud! Y todavía hoy, dentro de la tradición sintoísta *osonaé*, para obtener de los dioses trabajo y seguridad. Los trabajadores de los suburbios de Tokio colocan una fuente llena de arroz, mandarinas y saké sobre la máquina más peligrosa de la fábrica: se trata de un derivado del *fuigomatsuri*, fiesta de los forjadores. Después de la labor, los obreros vuelven a encontrarse en los innumerables *nomiya* de la ciudad: con una linterna de papel a modo de insignia y las cortinas velando la vista del interior, dentro del minúsculo bar una afectuosa *mama-san* sirve saké caliente o saké con hielo a una decena de abstraídos clientes.

Ceremonial del saké en el Japón de los encantos.
El botellín de porcelana también anima a las mujeres

A partir de los años 60 otros alcoholes y ramplones whiskies americanos han hecho aparición en los *nomiya*, pero nunca han llegado a competir seriamente con el saké. Tanto en las ciudades industriales como en el campo, el dulce derrotero del saké tiene aún muchos días bellos por delante...

Los que se beben la selva

Hace ya milenios que los habitantes del sudeste asiático practican el desbrozamiento: tras haber delimitado una porción de selva proceden a quemarla, luego la cubren con ceniza y por fin cultivan legumbres, hortalizas y sobre todo arroz.

Cada predio de selva quemada se considera terreno salvaje domesticado por el hombre, alimento obtenido de la naturaleza. Dicho de otro modo, practicar esta costumbre es para los hombres algo así como «comerse» la selva. ¡Y no contentos con comérsela, también se la beben! Pues ocurre que el arroz, porción esencial de la cosecha, en buena parte se transforma en cerveza. *Topaï* entre los joraïs, *tornôm* entre los srês, *rnööm* entre los mnongs, vino *möi* en Tailandia, *pachwaï* en el noreste de la India, allí donde los hombres estén vinculados a la selva por el cultivo del arroz sobre monte quemado, la cerveza de este cereal se encontrará en primer plano de las ceremonias destinadas a granjearse la benevolencia de las divinidades y honrar el espíritu del arroz. Primero se le arrebata un poco de suelo al bosque y luego se le pide al arroz –el *paddi* primordial, base de toda alimentación– que sea propicio.

Todas las etapas de la transformación de un espacio selvático «salvaje» en campo de cultivo van acompañadas de ritos y sacrificios en el curso de los cuales la cerveza sirve de intermediaria entre el hombre y los espíritus. La ofrenda de cerveza al espíritu del arroz señala el comienzo del ciclo agrario. Elaborada la cerveza con la cosecha del año precedente, se ruega al espíritu del arroz que nuevamente favorezca una cosecha abundante, para así honrarlo convenientemente el año próximo.

«En busca de los búfalos que nos son dados,
en busca de las vasijas que nos son dadas;
vuelvan a nosotros los búfalos,
vuelvan a nosotros las vasijas.»
(*Oración bhanng-ang para la gran fiesta solar de septiembre celebrada por los mnong-gars.*)

Cañas y hombres, o de cómo los laosianos beben en común cerveza de arroz.

Entre los *moïs*, esos hombres de la selva que los habitantes de las costas califican de «salvajes», todas las fiestas agrarias, todos los acontecimientos, por ínfimos que sean, sirven de pretexto para consumir cerveza. Privados del arroz, alimento básico, estos individuos serían pobres; pero sin la cerveza de arroz la comunidad misma se hallaría en peligro. Hombres, mujeres y niños buscan en la ebriedad colectiva un momento de olvido, un tiempo para el juego y la holganza, un lapso durante el cual se desvanezca la áspera frontera que media entre el mundo de la aldea y el de la selva.

Pero los hombres de la selva no se contentan con los efectos inofensivos y demasiado provisionales del alcohol. A fin de atravesar la frontera, «marchar hacia la selva», olvidar los códigos de la aldea, les son precisas porciones de efecto mucho más poderoso. Es en este punto donde intervienen las mujeres. Para estar en condiciones de «hacer el viaje a la selva», antes que nada es menester hacerse con aquellas plantas poseedoras del poder mágico de hacer soñar, tubérculos y cortezas de efecto narcotizante. Las mujeres joraïs distinguen el *topoï,* fermento de cerveza, del *joraö,* conjunto de plantas ralladas, molidas, machacadas y luego amasadas con la bola del fermento. Es de la mezcla *topoï-joraö* de donde se obtiene el poder del olvido, del exceso y de la superación.

Sería muy difícil delimitar los efectos respectivamente afrodisíacos, narcóticos o simplemente euforizantes debidos a las sustancias vegetales empleadas, pero no cabe duda de que la cerveza mezclada con drogas es de una categórica eficacia. Hasta los más resistentes sucumben y pierden el control antes de caer en el embotamiento. Al día siguiente se bendecirá a las mujeres si han producido una «buena» cerveza, es decir, si la bebida ha permitido a los hombres acceder al olvido, perder su identidad, «marchar a la selva».

En tierras de la India, los efectos buscados son más precisos. Las mujeres de Assam, y sobre todo de Orissa y de Bengala, preparan el *pachwaï* a base de arroz decorticado, emblanquecido y cocido al vapor. También en este caso es de radical importancia la confección del fermento, el *bakhar* que con mucha frecuencia contiene hierbas y hojas molidas destinadas a perfumar la cerveza... y a darle un poder estupefaciente. ¡Plantas entre las cuales se encuentra el *cannabis sativa,* de bien conocidos efectos!

En ciertas regiones de Indochina, cuyos habitantes experimentan por la selva contradictorios sentimientos de miedo y de atracción, la alianza entre la droga y la cerveza llega a ser tan fuerte que algunos pierden el equilibrio y quedan seducidos para siempre por la vegetación, la locura y la pérdida de identidad. De estos poseídos por el espíritu de la selva suele decirse que «la cerveza les ha hecho mal» (*töpi rwa*).

Es evidente que la selva no se deja beber impunemente...

Las cervezas precolombinas

Cerveza andina de maíz

Si en todo el mundo la cerveza es mucho más que una simple bebida, si desde sus orígenes ha sido investida de un carácter sagrado, es porque siempre se la produce a partir de un elemento básico, reverenciado como condición esencial de la supervivencia del respectivo pueblo. El maíz, cultivado en México desde hace seis mil años y desde hace cuatro mil en la cordillera de los Andes, es la planta sagrada de estas dos regiones. Una vez más, pues, la cerveza será el vehículo de su culto.

– *La cerveza solar.* Es en el centro del Perú, entre los años 700 y 200 AC, donde los indios ponen los fundamentos de un culto del sol que viene a reforzar la ancestral devoción al dios maíz. Doble adoración ésta de la cual, catorce siglos más tarde, se nutrirá el poderío incaico. El primer milenio de nuestra era sirve de marco al desarrollo de la actividad económica y la creciente unidad cultural de una región que se extiende desde el Ecuador hasta Chile. Diez siglos durante los cuales el maíz se impone en todas las comunidades agrícolas, a veces a costa de impresionantes trabajos de trazado de terrazas e irrigación en plena montaña.
    Muy pronto la región del lago Titicaca se convierte en relevante centro religioso. Desde muy lejos se acude a sus santuarios a realizar ofrendas de cerámicas, pescado, *chunio* (conserva de patatas) y cerveza de maíz. La ofrenda del *aca* –cerveza– es un símbolo de

reconocimiento a la intercesión de las divinidades benefactoras. El indio ofrece a Viracocha, creador de la divina pareja Sol-Luna, sostén del mundo y dios civilizador, obrador de la luz, de la tierra, de la vida y las plantas, el líquido de maíz fermentado en agradecimiento por las bondades de la existencia.

Al exigir su parte de los beneficios concedidos a los hombres, las divinidades andinas aprecian tanto las prendas de vestir preciosas o la cerámica, como la coca y la cerveza de maíz. Entre las ofrendas más apreciadas se cuentan el cobayo y la llama, pero el pobre que nada posee entrega parte de lo que ha producido. De la misma manera, las atenciones consagradas a los muertos nunca omiten una medida de *aca*, depositada sobre la tumba o vertida directamente sobre el difunto por un conducto de caña. De tal modo mimados, los muertos *mochica* disfrutaban de su cerveza y ni siquiera soñaban con perturbar a los vivos.

Centro radiante de todos los poderes, el emperador, Sapa-Inca, vivía en el Cuzco rodeado de su cuerpo administrativo. El personal femenino del palacio, integrado por las célebres Vírgenes del Sol, se hallaba dirigido por la *coya pacsa*, quien pasaba por ser la esposa terrestre del dios Inti. A las Vírgenes del Sol les correspondía proveer al Inca de comida y bebida.

El más grande de los establecimientos que les estaban reservados se encontraba en el Cuzco; en él no residían menos de cinco mil muchachas. A algunos cientos de kilómetros de la capital, el antiquísimo santuario del lago Titicaca albergaba permanentemente mil doncellas que tejían los mantos preciosos y fabricaban la cerveza ceremonial para el templo del Sol. La elaboración demandaba, antes de la fermentación, la masticación de la pasta cocida de maíz. Sólo la saliva de las doncellas, no siempre puras pero en todo caso apartadas del intercambio sexual en el período de elaboración, era capaz, se creía, de hacer que la cerveza fermentase.

Escogidas a lo largo y ancho de todo el imperio, aquellas vírgenes que ya no se dedicaban a preparar el *aca* y no se convertían en concubinas del Inca o de los más altos funcionarios tarde o temprano eran inmoladas al Sol. Convenientemente embriagadas con cerveza, las jóvenes eran estranguladas o apuñaladas mientras en torno a ellas se quemaban hojas de coca, tapices de lana de vicuña y los sacerdotes ofrecían a los dioses libaciones de cerveza.

Cada mes lunar era marco de sus correspondientes ceremonias y sacrificios. De todos estos fastos, la fiesta solar del solsticio de junio era quizá la más importante. Esta grandiosa ceremonia practicada para mayor gloria del Sol reunía tanto al pueblo del Cuzco como a los notables de todo el imperio. Descalzos, los participantes aguardaban el alba. Al salir el sol, arrodillados y con los brazos abiertos le dirigían besos, al tiempo que el Inca, hijo del astro y único que se mantenía en pie, tendía a su «padre» dos grandes vasos llenos de cerveza invitándolo a beber del de la derecha. Una vez el dios Sol había aceptado la ofrenda, reafirmando así los sagrados vínculos que lo unían a su «hijo», el Inca vertía en el suelo el contenido del vaso de la derecha y bebía el del vaso de la izquierda.

– *El gran eclipse.* ¡Terrible ironía de la historia! Una ceremonia privada pero de todo punto parecida se desarrolla en el campo de Cajamarca, donde el Inca Atahualpa, en noviembre de 1532, recibe en embajada a Hernando Pizarro. Como buen conquistador, Hernando de Soto, compañero de Pizarro, escarnece al emperador y le derrama sobre túnica las babas de su caballo. Celoso del protocolo e

Una Virgen del Sol escancia la cerveza que une ritualmente al Inca con su Padre radiante. (Códice Poma de Ayala.)

inquieto por ganarse el favor de tan arrogantes extranjeros, Atahualpa ordena servir cerveza en dos copas de oro, una de las cuales ofrece a Pizarro mientras él vacía la otra. Tal era la costumbre cuando se recibían huéspedes de alcurnia: el hecho de beber la misma cerveza en vasos de oro asociaba a Pizarro con la divinidad solar del Inca.

Lo que siguió es bien conocido. La noche del 16 de noviembre de 1532 los españoles arrancan a Atahualpa del lecho; cautivo, el Inca es asesinado el 29 de agosto de 1533. Saqueo de templos, atrocidades gratuitas, reducción de pueblos indios enteros a la esclavitud, apropiación de tierras, trabajo forzoso en las minas, brutales conversiones a la nueva religión: el período más doloroso de la historia de los indios se abre con la dominación española. En realidad, aquellos falsos dioses que habían aceptado la invitación de Atahualpa a beber cerveza joven en copas de oro, sólo tenían ojos para el metal y desde el comienzo habían proyectado la muerte del Inca.

En cuanto a la cerveza de maíz, los soldados españoles no vieron en ella más que una bebida alcohólica indígena de la cual, sin duda, hicieron buen uso, al punto de llegar a desdeñar los vinos que hacían traerse especialmente de Europa. La bautizaron *chicha,* nombre tomado de las tribus de Costa Rica, Panamá y Colombia que hablaban el *chibcha* y eran inveteradas consumidoras de cerveza de maíz.

A partir del siglo XVI la América indígena pasa a convertirse en América Latina. Los conquistadores vuelven a encontrar la cerveza de maíz en todo el continente: «Las tribus del Orinoco», refiere el padre Gumilla, «valiéndose de la fuerza de los brazos femeninos, hacen unos panes de maíz triturado que luego, envueltos en hojas, cuecen en grandes recipientes de agua hirviente: este pan, llamado *caïzo,* se pone a escurrir, se amasa por segunda vez y vuelve a sumergirse en ingentes cantidades de agua. Reducidos a polvo, al tercer día estos panes semejan un mosto del cual resulta al fin cierta *chicha* o cerveza buena para la salud siempre y cuando se la beba con moderación».

Conjuntamente con las tropas españolas desembarcan los jesuitas, encargados de evangelizar a los indios. La Compañía se aplica con increíble encarnizamiento a prohibir a los nativos que consuman *chicha,* íntimamente vinculada a los ritos agrarios de su religión. Es un vano esfuerzo: constreñidos a abandonar sus creencias, lenguas y costumbres, los indios se refugian precisamente en la *chicha* para intentar olvidar el estado de esclavitud en el cual se ven sumidos. De rito originario, la cerveza de maíz pasa a ser bebida cotidiana y pronto el alcoholismo comienza a hacer estragos.

¡Tras cuatro siglos de explotación feroz, una campaña colombiana para que los indios no se refugien en la ,chicha!

Toda la forma de fabricación de la cerveza se ve alterada por el proceso colonizador. Antes de la llegada de los conquistadores, además de la masticación femenina los indios conocían otro método: hacían germinar maíz muy humedecido, lo secaban al sol y luego molían el grano para reducirlo a harina. La harina de maíz, diluida en un gran recipiente con agua, fermentaba al cabo de dos o tres días. Fue éste el procedimiento que los colonos desarrollaron, acabando así con el antiguo ritual femenino. Pero lo peor vendría después, con la introducción del azúcar de caña, que por entonces era un artículo colonial muy barato: la cerveza de maíz se tornó más fuerte en alcohol y su fabricación menos costosa.

A partir del siglo XIX las técnicas artesanales ya no evolucionan. Sólo las *chicherías* de las grandes ciudades pasan al estado semiindustrial con la utilización de cubas metálicas para la cocción y de barricas de madera para la fermentación.

La elaboración completa tomaba más de un mes y permitía obtener una *chicha* de primera calidad denominada *chicha flor*. La cerveza corriente vendida en todo el país se llamaba *chicha de segunda*: una mezcla de *chicha flor* y de *mitaca* (sedimentos de *chicha flor* aumentados con agua y miel). En Bogotá, por fin, se encontraba una chicha de tercera categoría consumida por los trabajadores más rudos. Muy ácida, de baja calidad, esa especie llamada *runchera* era una mezcla de *segunda,* agua y miel. ¡*Cherchez* el maíz!

Desposeídas primero de sus tierras, profundamente afectadas por la prohibición de la propiedad comunal, tras las independencias peruana y boliviana las comunidades indígenas sufrieron la opresión de los propietarios de las haciendas, herederos de colonos españoles que habían confiscado o usurpado territorios. Convertido en «colono» de una hacienda, es decir, siervo del propietario, el indio debía pagar tributo y efectuar innumerables «prestaciones», entre otras la de llevar a cabo la «masticación» el día en que su amo tenía previsto preparar la *chicha.*

Pese a la presión inaudita que sobre la cultura vernácula ejercía la explotación ilimitada de los indios, creencias y costumbres permanecieron vivas. En los mercados andinos siempre habrá ocasión de ver alguna mujer sentada junto a una jarra de *chicha,* la cual vuelve a conquistar su antiguo carácter de cerveza ritual cada vez que hay una festividad india. Con frecuencia de forma oculta, se siguen realizando ofrendas de dinero menudo, de alimentos y de cerveza de maíz. Dedicadas en especial a la tierra, estas ofrendas constituyen el eco del ancestral gesto descrito en 1609 por el Inca Garcilaso de la Vega:

«...ofrecían en sacrificio una buena cantidad de cierto brebaje de ellos conocido, y que se hacía con agua y maíz. En sus colaciones ordinarias, una vez acababan de comer (pues nunca bebían durante la comida), humedecían en el brebaje la punta del dedo mayor; luego, los ojos vueltos al cielo con veneración, con un capirotazo limpiaban el dedo de las gotas que en él habían quedado; las ofrecían al Sol como reconocimiento por haberles dado de beber, y lanzaban al aire dos o tres besos, además que entre ellos era un signo de adoración. Tras haber realizado aquella ofrenda de las primeras copas, bebían a sus anchas como mejor les parecía.» (*Comentarios reales sobre el Perú de los Incas.*)

Cerveza de mandioca

– Libaciones antropófagas. El primer testimonio sobre la preparación de cerveza de mandioca por los tupís, pueblo caníbal de la costa brasileña, data de 1557: «... las mujeres arrancan raíces de mandioca y las ponen a hervir en cazos. Una vez han hervido bien, vierten el agua en una vasija y dejan que las raíces se enfríen un poco. A continuación vienen las jóvenes y se ponen a mascarlas, colocando luego la pasta en un tercer recipiente. Después de haber mascado todas las raíces, vuelven a llenar el recipiente de agua, remueven la mezcla y la calientan una vez más.

«Luego vierten todo aquello en vasos exclusivamente destinados a tal empleo, como ocurre en nuestro país con los toneles, y que son enterrados a medias. Entonces el licor comienza a fermentar, y al cabo de dos días está listo para ser bebido: es espeso, muy embriagador y harto alimenticio...» (Hans Staden, *Historia y descripción verdadera de un país habitado.*)

La mandioca o yuca, un arbusto que puede alcanzar de 1 a 5 metros de altura, sólo proporciona a la fabricación de cerveza sus raíces, muy ricas en almidón. Los tupí-nambas reservan la tarea de masticar a las mujeres jóvenes, vírgenes o al menos castas, pero todos, hombres, mujeres y adolescentes, participan de las libaciones religiosas que pueden extenderse por dos y hasta tres días. Las ocasiones son numerosas: nacimiento, primera menstruación, perforación del labio, partida hacia la guerra, degollación ritual de un prisionero. Hans Staden, que estuvo cautivo de los tupí-nambas, proporciona una descripción «vívida» y detallada:

«Alimentan bien a sus prisioneros. Al cabo de cierto tiempo comienzan los preparativos, elaborando en primer lugar la bebida... Una vez todo está a punto, designan el día de la matanza, invitan a los habitantes de otras aldeas a asistir a la fiesta y llenan todos los vasos destinados a contener la poción... La víspera del día en que empezarán a beber, atan una cuerda alrededor del cuello de la víctima y de ella cuelgan la maza con que será sacrificada...» Más tarde el prisionero será ejecutado en medio de una algarabía general. El relato no explicita a qué azar o divinidad protectora pudo agradecer su supervivencia el aventurero alemán...

Las ceremonias antropófagas acompañadas de festines de cerveza desaparecieron con las tribus tupí-nambas, progresivamente diezmadas durante los siglos XVII y XVIII. En nuestros días, la cerveza de mandioca continúa siendo bebida tanto sagrada como cotidiana en Amazonia, en las profundidades de la selva y junto a las fuentes de los grandes ríos. En aquellas remotas regiones, bajo un clima tropical, curiosamente cumple la milagrosa función de ofrecer respuesta a un problema de higiene prácticamente insoluble.

– *La cerveza cósmica de los jíbaros.* El gran problema para los jíbaros es el agua, pues la que en abundancia provee el río Amazonas no es potable. En compensación, la naturaleza ha proporcionado a los indios una inapreciable fuente de alimentación: la mandioca dulce, un tubérculo que las mujeres cultivan y cosechan durante todo el año.

El mito del Nunjui relata cómo fue concedida la cerveza a los jíbaros. Hace muchísimo tiempo, una gran escasez impulsó a los indios a la pesca del cangrejo. Remontando el río, se encontraron con Nunjui. La diosa lavaba en las aguas patatas dulces y una raíz que ellos desconocían, la mandioca. Les confió una de sus hijas, quien hizo que la mandioca creciese, se formase un jardín y aparaciesen vasijas que luego llenó de cerveza. Pero muy pronto, al ser maltratada, la muchacha hubo de escapar, dejando a los indios la labor de cultivar la planta y fabricar la cerveza.

Desde entonces, cada día, los indios hierven agua del arroyo y en ella cuecen trozos de tubérculo. Mastican la pasta obtenida y la ponen a fermentar en el fondo de la jarra donde queda un poso de cerveza vieja. La ebullición y la rapidez del proceso fermentatorio garantizan la asepsia del preparado, cuya parte inferior puede alcanzar una fuerza alcohólica de 10°. Los hombres consumen cada día entre 7 y 13 litros de este líquido, las mujeres de 4 a 7 litros, ¡y los niños hasta 2 litros!

La cerveza y la fermentación se encuentran en el centro de la

La actividad cotidiana de una mujer jíbara: lavar y pelar la mandioca, rallar la pulpa, bracear y hervir la pasta, masticar una porción que se embebe de saliva y obtener así una rápida fermentación de la «leche» de mandioca.

– 39 –

La cerveza de patata

Como siempre que se habla de la patata, es Parmentier quien acapara los elogios.

El precioso tubérculo es introducido en España e Inglaterra en 1560, pero se debe esperar dos siglos antes de que en su defensa se alcen las voces de brillantes agrónomos.

Parmentier comprende rápidamente cuáles son las ventajas de la fécula de patata. Observando que los cerveceros emplean desde hace largo tiempo azúcar o melaza para reemplazar en parte a la cebada o el candeal, concibe la idea de añadir la fécula a la composición de las cervezas, visto que se trata de un producto barato y de buena calidad.

Una vez lanzada, la idea se abre paso y encuentra una favorable recepción en Prusia. Acostumbrados muy pronto a consumir patatas, los alemanes del norte comprenden que pueden elaborar una verdadera cerveza con ese tubérculo antes de fabricar su tradicional schnaps. *Del mismo modo que la tradición escocesa asocia la cerveza de cebada con el whisky, la nueva escuela prusia-*

na va más allá de las concepciones de Parmentier elaborando una cerveza de «pura patata».

Mucho antes de las conclusiones oficiales de los investigadores prusianos, que buscan confeccionar una cerveza económica para la tropa y los pobres, empiezan a florecer en Bélgica y en Francia diversas patentes técnicas.

Todos ven en el tubérculo una fuente milagrosa de materia feculenta destinada a añadirse a la malta de cebada. Ello para no hablar de las patentes de fabricación de cerveza exclusivamente a base de patata, brebaje éste que para algunos no merece su nombre, en tanto que para otros rivaliza en exquisitez con los crudos de candeal. Opiniones opuestas y apasionadas justificadas por la novedad del producto y su carácter en principio rústico.

Los procedimientos prusianos, que consistían en el braceado de patatas hervidas o molidas, no se ganaron el favor de los elaboradores belgas y franceses, pero tampoco ocurrió que el ventajoso tubérculo fuera rechazado totalmente por la industria cervecera. Fue adoptado bajo la forma de fécula mezclada con la malta en la cuba-matriz, o bien bajo la de jarabe que se vierte una vez cumplida la sacarificación del mosto. En el primer caso, la cerveza se torna más clara y fina. En el segundo, se abaratan los costes.

Hoy en día los fabricantes siguen empleando jarabes, aunque la fécula ha sido reemplazada por el arroz y el maíz.

simbología jíbara. El agua de la ribera se vuelve pura cuando, para hacer cerveza, la mujer la recoge con ayuda de la calabaza apropiada. Nosotros sabemos que ese agua deja de ser perniciosa a causa de la esterilización; para los jíbaros, no obstante, todo estriba en el poder mágico de la fermentación, que así se convierte en símbolo de todas las transformaciones.

Ya se trate de fermentación como de alumbramientos, las oraciones, las súplicas, son casi idénticas. Del mismo modo, en la imagen de la casa concebida como un organismo viviente, la cerveza entra por la boca, puerta reservada a los hombres, y vuelve a salir en forma de deposición por el ano, puerta reservada a las mujeres.

La fermentación simbólica alcanza altura cósmica con el ciclo de las Pléyades. En Amazonia esta constelación aparece en el este por la noche y desaparece por la mañana en el oeste. La interpretación de los indios es que por la mañana cae en el agua para viajar durante todo el día por debajo de la tierra y remontar el cielo a la noche. Durante la época del año que coincide con la estación de las crecidas, las Pléyades se tornan invisibles: al desaparecer bajo tierra, hacen que las aguas fermenten y hiervan al punto de desbordar los cauces. Este tumulto líquido representa a escala cósmica lo mismo que a escala de una vasija representa la fermentación rápida de la cerveza de mandioca. Y así la fermentación de la cerveza, metamorfosis mágica de la pasta de mandioca, resulta el fenómeno central de una cosmología en la cual la misteriosa transformación de los líquidos da cuenta de los estados cíclicos de la materia y del mundo amazónicos.

Cervezas africanas

La tradición de las cervezas de mijo

Julio de 1796. El escocés Mungo Park se aproxima por fin a Segú, capital del reino bambara, situada a orillas del río Níger. Habiendo partido de la costa marítima de Gambia para explorar el interior del continente africano, viajando sin provisiones ni armas, y subsistiendo gracias a la hospitalidad indígena, siete meses más tarde divisa el gran río.

«Hacía las cuatro horas nos detuvimos en una pequeña aldea, donde uno de los negros se encontró con un conocido suyo que nos invitó a una suerte de comida pública que se desarrollaba como si fuese una ceremonia. Allí se servía con profusión una vianda compuesta de leche agria mezclada con harina, así como cerveza hecha con el cereal del país.» (*Viaje al interior de África.*)

Algunos decenios más tarde, en 1829, René Caillié, al dirigirse hacia Tombuctú, vuelve a atravesar el país bambara y anota: «En ese país fabrican una especie de cerveza o de hidromiel hecha con melaza y mijo fermentado; los nativos se embriagan con esta bebida que les gusta muchísimo.»

De hecho, bajo la denominación de mijo se designan numerosos cereales, todos ellos domesticados por los africanos desde hace algunos milenios. El pequeño mijo o mijo candela es originario de las sabanas de Sudán y Senegal. En cuanto al mijo grande o sorgo (rojo o blanco), ya se cultivaba en la región de Sudán-Chad, y también en Abisinia, cinco o seis mil años antes de nuestra era. Es posible que esta cultura haya visto los comienzos de la elaboración de la cerveza en Africa, pues por intermedio del actual Sudán toda esta antigua región cerealera estaba en contacto con Egipto, país de antiquísima tradición cervecera. Por lo que respecta a Etiopía, su venerable historia en la materia no ofrece lugar a dudas: una parte de sus primeros habitantes, los chimitas, provenía de las orillas del Eufrates y elaboraba una cerveza a base de cebada, de *locar* y de *dourah* (sorgo) mucho antes de que lo hicieran los egipcios. Una estela encontrada en Axum, al norte de Etiopía, confirma que en el Africa oriental el uso de la cerveza era cosa de todos los días.

Mujeres africanas preparando en colaboración una cerveza ceremonial.

Para el África occidental los testimonios históricos son más escasos. Una adivinanza dogona asimila la crepitación de la cerveza de mijo en proceso fermentatorio al misterioso zumbido de la lengua de los iniciados.

«Apostado en la ribera, presto atención y escucho muchas cosas en la lengua del Sigui.

– ¡Es la cerveza de mijo, que fermenta!»

Dentro de las ceremonias siguis los dos actos esenciales son la transmisión del lenguaje secreto y la ingestión de cerveza de mijo. Brebaje transformado por la fermentación, la cerveza es un receptáculo de fuerzas sobrenaturales que permite a los bebedores oir lo inaudible en el curso de las ceremonias rituales.

Otro pueblo, otro mito: en Tanzania, el sacerdote nyamwezi vacía una copa de cerveza sobre una tumba para convocar a la lluvia. De este modo la cerveza se convierte en agua, líquido sacrificial, símbolo de las tan esperadas precipitaciones.

Entre los saras, la cerveza de mijo, que fermenta para los vivos, debe fermentar también para los muertos. Un año después del entierro del difunto, una fiesta consagrada a la conclusión del luto empieza con el sacrificio de un buey, que va acompañado de libaciones de cerveza.

Dolo listo para ser servido en calabazas

Durante su viaje a través del África occidental, René Caillié había observado la existencia de un comercio de la cerveza. «En este país (Alto Volta) hay fabricantes de cerveza que la venden al por menor: mucho me habría gustado probarla para conocer su sabor (*sic*), pero mi condición de musulmán me lo impidió.» (*Viaje a Tombuctú*)

Hoy en día ese comercio está reservado a las *doloteras* o vendedoras de *dolo*. Estas mujeres venden el líquido en los mercados, donde lo conservan en grandes calabazas, o bien en sus propias casas durante los días de fiesta. El censo indica que en la ciudad de Uagadugu no hay menos de seiscientas, las cuales abastecen un consumo de casi 200.000 hectolitros anuales.

De color castaño claro cuando es muy fresca, más oscura a partir del día siguiente, efervescente y un poco espumosa, el *dolo* desprende un fuerte aroma de mijo y levadura. Cuando está fresca aún burbujea un tanto, pero su gusto rasposo, ligeramente ácido, y su consistencia son sorprendentes.

Auténtico poder económico que ofrece un notable ejemplo de resistencia a los efectos del colonialismo, las *doloteras* se agrupan en corporaciones que mantienen reuniones, fijan los precios, defienden colectivamente sus intereses y organizan una asistencia de tipo mutuo. Tanto los poderes más altos como los representantes locales deben contar con ellas y con una influencia que se cristaliza en el «cabaret», lugar muy frecuentado donde la gente se reúne para beber, bailar o discutir.

Es de destacar que acaso la posición de las *dolateras* en la sociedad alto-voltaica no sería tan inexpugnable si la técnica de elaboración que emplean no se pareciera tanto a la fabricación «industrial». Es cierto que el *dolo*, al igual que todas las cervezas tradicionales africanas, varía en calidad según la *dolotera* o la calderada de donde provenga. Dejando de lado la selección de las levaduras y el escaso filtrado final, no obstante, su preparación no tiene nada que envidiar a los métodos de las cervecerías industriales europeas. Las similitudes, de todos modos, no son totales: en el *dolo* no se emplea nada de lúpulo, pero sí algunas plantas amargas (*cassia*, balamitas); unos granos de ricino o de sisal para quitar la acidez excesiva; pulpa azucarada de *cassia* para aumentar la graduación alcohólica; raíces de mijo para añadir un efecto calmante, o bien algo de *datura metel*, una solanácea muy tóxica y actualmente prohibida. Todo ello sin olvidar las hojas de tabaco o de pimienta que los senufo suelen añadir a la segunda cocción.

Sudáfrica: una cuestión política

Bulawayo, segunda ciudad de Zimbabwe, ex Rodhesia. Los «jardines» de cerveza no son lugares paradisíacos sino simples ghettos, áreas reservadas donde por un rato los negros olvidan los dolores de la segregación bebiendo *kaffir*.

En efecto: en esta cerveza *kaffir*, bebida tradicional de los bantúes del África del sur, los gobiernos de Pretoria y Salisbury han visto un medio para integrar a las poblaciones negras en las ciudades industriales.

Llegadas para satisfacer la demanda de mano de obra en las minas y los centros urbanos, estas gentes desarraigadas vuelven a encontrarse en la urbe con su cerveza ancestral. Esta, sin embargo, de bebida ritual y ceremonial preparada exclusivamente por las mujeres, gratuitamente ofrecida, ha pasado a ser una herramienta de control social y se ha convertido en poco más que una mercancía. Pues si bien son casi exclusivamente los negros quienes beben *kaffir*, la industria se halla por completo en manos blancas. Una industria por lo demás muy próspera, si tenemos en cuenta que en Sudáfrica produce una cantidad de bebida tres veces mayor que la europea. En las grandes ciudades sudafricanas se consumen más de doscientos litros de *kaffir* por persona y por año. ¡El bebedor bantú deja muy atrás al más empedernido aficionado alemán!

Fue en Salisbury, capital de Rodhesia, donde en 1908 se fabricó por primera vez un *kaffir* industrial. Para ello se utilizaron cervece-

En Durban, Sudáfrica, los beer-halls
parecen barrios de alto control racial

– 46 –

ras africanas a las cuales se encargó producir bebida en gran cantidad.

Las cerveceras, que utilizan cacharros de alfarería para la germinación del sorgo, esteras para secar el grano, filtros de fibra trenzada y calabazas para la fermentación, hubieron de acostumbrarse a las cubas de metal y las trituradoras mecánicas. Por lo demás, pudo conservarse lo esencial de un procedimiento varias veces milenario.

El sorgo (localmente llamado *kaffircorn*) se usa en parte malteado y en parte crudo. La fermentación, al mismo tiempo ácida y alcohólica, se prolonga hasta el momento en que la cerveza va a beberse. De color castaño rosado, plena de materias y levaduras en suspensión, es una bebida muy alimenticia cuyo sabor recuerda en alguna medida al del yogur. Tiene un 3 por ciento de alcohol; pero esta cifra sólo debe considerarse un dato oficial, ¡pues una cerveza tan vivaz continúa fermentando una vez ha llegado al estómago!

Tras haberse valido obligadamente de cerveceras africanas, los municipios sudafricanos y rodhesianos se lanzan hacia programas de producción industrial. En 1913 Bulawayo construye una *African Beer Brewery* a la cual se anexa un *Beer Hall,* vasto local en donde se despacha *kaffir* a la población negra. El éxito es veloz: una producción de casi 700.000 hectolitros en los años 70 para Bulawayo y sus cuatro bares, sus once almacenes de *kaffir* embotellado y sus treinta «jardines de cerveza». El *beer garden* no es más que un espacio cercado y reservado a los negros, provisto de unos cuantos árboles y no muchos más bancos: un templo del *kaffir* y, en la misma medida, un testimonio sobre el fundamento racista del régimen político. En el *beer garden* el *kaffir* se sirve a los negros en recipientes de plástico de más de un litro de capacidad. A los blancos les están reservados los *bar-lounges* y la cerveza europea. ¡Nada de mezclas!

Por lo demás, el sentido de la palabra *kaffir* es bien explícito. El término, de origen árabe, designaba a todos los africanos del sur del continente que no se habían convertido al islamismo. Para los colonos sudafricanos y rodhesianos no tardó en cobrar el significado de «indígena».

Así pues, la cerveza *kaffir* es una cerveza de negros, bebida por negros, pero desde hace un tiempo, y en lo sucesivo, fabricada por blancos.

Estos últimos, tras haberse inspirado en tradicionales métodos bantúes, prohibieron en las ciudades la elaboración hogareña, reservando la producción de cerveza únicamente a las industrias municipales.

La aberración que significaba este privilegio desembocó en una serie de revueltas en los ghettos negros, y propició, paradójicamente, una cierta revitalización de la elaboración de *kaffir* por parte de las mujeres africanas. Esta contestación del sistema segregacionista y del *beer traffic* llegó a inquietar al gobierno rodhesiano de tal modo que en 1956-57 creó una policía especial encargada de luchar contra la fabricación domiciliaria de cerveza.

Pero la situación de Sudáfrica y Zimbabwe es muy particular. Son los dos únicos países donde se ha industrializado un procedimiento africano de tradición secular. En el resto del continente, por el contrario, ha debido recurrirse obligadamente a la implantación de fábricas de cerveza europea para surtir primero a los colonos y más tarde a los nativos.

Es evidente que África se ha revelado como un mercado formidable para los grandes grupos cerveceros internacionales, tales como Brasserie-Glacière Internacional, Guinness, Carlsberg o Heineken, cada uno de los cuales se ha instalado en el área de influencia de su respectiva metrópolis.

Con la ayuda de los adelantos técnicos, en la actualidad se producen en África *pils, lagers* y *stouts* muy semejantes a sus modelos europeos. La producción de cerveza europea comporta el traslado de modelos culturales definidos y, bajo la doble presión de lo religioso y lo económico, la cerveza de mijo ha ido desapareciendo paulatinamente. En efecto, esta bebida tiene vínculos demasiado estrechos con el animismo y sus rituales como para sobrevivir fuera de su marco de referencia. Es una lástima, pero la cerveza de cebada de los colonos tiende hoy a convertirse en la bebida africana más consumida.

La cerveza de plátanos verdes

En el corazón de África, en pleno bosque tropical, se encuentra el país de los gorilas y de la cerveza de plátanos. Es en las mesetas de Uganda y de Ruanda, en las cuales no crecen ni la cebada ni el candeal, donde, junto a las tradicionales cervezas de mijo y de maíz, se produce esta bebida original, a base de zumo de plátanos, conocida por el nombre de *pombe*. Esta cerveza –pues sin duda lo es, por mucho que provenga de un fruto– densa, harto efervescente, un

Un niño hutu bebe cerveza de plátano con una caña.

poco ácida, resulta de lo más nutritiva y vitaminada, y posee un contenido alcohólico relativamente bajo.

El secreto de su elaboración, confiada a las mujeres, estriba en las operaciones de maduración. En otras palabras: la cervecera ha de saber juzgar perfectamente el grado de madurez de los plátanos. De ser éste demasiado alto producirían una bebida tendiendo a «hacerse» con demasiada rapidez, mientras que los plátanos en exceso verdes no contendrían suficientes azúcares para activar la fermentación.

A fin de acertar con el grado de maduración ideal, la cervecera puede escoger entre dos métodos.

Luego de haber seleccionado los mejores plátanos y haberlos pelado, los entierra durante tres días. A continuación los coloca sobre una piel de vaca, los recubre de cañas y los aplasta, recogiendo el jugo en cántaros. Si la temperatura ambiente es demasiado fría, la elaboradora practica una cavidad lateral en la cual enciende un fuego muy fuerte, o bien precalienta la cavidad principal y cubre los plátanos enterrados con un compuesto de diversas cortezas.

El otro método consiste en forrar la cavidad con leños guarnecidos de hojas de banano, para depositar los plátanos a continuación. Después, sobre la cañizada, la elaboradora hace un fuego con hojas secas. Una vez obtenida la cantidad suficiente de cenizas, rellena con ellas el espacio restante de la cavidad, de modo que el calor actúe sobre los plátanos. Existe una variante de este procedimiento, consistente en construir una suerte de casilla sobre la cañizada y mantener día y noche, bastante próximo, un fuego alimentado con hojas y excremento de vaca. Más sofisticado, este último procedimiento arroja resultados más convincentes.

Como paso siguiente, los plátanos triturados se baten, sazonados con diversas hierbas, en una artesa de madera. Según sea el grado alcohólico deseado, la mezcla se diluye en agua. Todo esto se vierte en unas vasijas cuyo interior se ha untado con sorgo rallado y molido.

Será una harina tosca, también ella hecha a base de sorgo molido, la que sirva de levadura. No obstante, las cerveceras más experimentadas confeccionan levaduras a base de mijo, maíz y distintas hierbas, siguiendo métodos tan complicados que exigen de cuatro a cinco días de manipulación.

La fermentación propiamente dicha dura cuarenta y ocho horas y exige una temperatura constante. Para conseguirlo, las vasijas se tapan con hojas de banano y luego se revisten con hojas y estiércol. Al descomponerse, los restos vegetales producen un suave calor que se comunica al jugo en proceso de fermentación.

Como ya se habrá comprendido, la cerveza de plátanos es una bebida sumamente aleatoria. Su calidad depende del estado de los frutos, de la temperatura ambiente y de la levadura. Si todo esto es mediocre, la fermentación se vuelve lenta y difícil, aumenta la acidez y el residuo sólido cobra proporciones inquietantes. De ser éste el caso, se la vuelve a tratar con agua y es destinada a alimentar a mujeres y niños... No nos hallamos pues muy lejos de los panes de cerveza sumerios, los cuales nadaban en un líquido que se bebía con ayuda de cañas; justamente lo mismo que se hace con la cerveza de plátanos.

En el Este, cervezas de centeno

Menos favorecidos por el clima, ignorantes de las ricas cosechas cerealeras del Medio Oriente, los habitantes de las grandes llanuras de Europa central siempre han cultivado centeno y avena, cereales característicos de suelos pobres y ácidos. Si hemos de hacer caso a la *Crónica de Néstor*, esos pueblos que se designan como proto-eslavos bebían efectivamente, hace casi dos mil años, un líquido obtenido de la fermentación de centeno y avena, el *kwasz* o *quass*, que junto con la hidromiel seguramente es la bebida más antigua del país eslavo.

Desafortunadamente, poco se sabe de los pueblos que precedieron a los eslavos. Los escitas, habitantes del norte de los mares Negro y Caspio, apenas nos han dejado otra cosa que un pequeño medallón, contemporáneo de la expansión celta que tuvo lugar algunos siglos antes de nuestra era; representa a dos hombres, uno de los cuales ofrece al otro un cuerno de beber: prenda de amistad que tal vez contuviese una antepasada de la cerveza de centeno...

Originarios de las orillas del mar Negro y de los confines del Cáucaso, los escitas ocupaban una región dominada por la cultura del mijo. Su expansión hacia el norte, sin embargo, probablemente los haya puesto en contacto con elaboradores de cerveza de avena y de centeno, lo cual derivaría en la preparación de una gran diversidad de cervezas.

Si volvemos los ojos a la época moderna, desde el Báltico hasta los Balcanes se emplean casi indiferentemente el centeno, la avena, la cebada o el candeal, bien separados, bien en forma de compuesto, para la confección de una serie de cervezas ácidas denominadas *braga, zur, kwascha, geiselitz* y, desde luego, *kwasz*. Todas ellas tienen por origen una sopa agrilla que va diluyéndose y cuya fermentación alcohólica se favorece. A algunas, en el curso de la preparación, se les añade zumo de chucrut.

Con el *kwasz*, el campesino ruso disponía de una bebida económica muy digna, efervescente, acidulada, reanimante y ligeramente alcohólica.

La elaboración transcurría a la par que la fabricación del pan de centeno. En el seno de las familias bien podían utilizarse costras de pan duro embebidas en agua caliente, que especies aromáticas y una sabia manipulación conseguían metamorfosear en una bebida deliciosa: *kwasz* o, más raramente, con lúpulo; *iablochny kwasz* en el cual se maceraban manzanas; *grouchévoi* con peras; *malinovoi* con frambuesas.

Las frutas atenúan la acidez del *kwasz* al tiempo que aumentan su contenido alcohólico: mientras que la especie corriente de la

CERVEZAS DE CEBADA:
Europa del Norte y el Oeste,
Cáucaso central, Tibet, Sinkiang.

CERVEZAS DE ARROZ:
China meridional, Indochina, Japón
y Corea, Filipinas, norte de la India.

CERVEZAS DE MAÍZ:
Regiones andinas, norte de la Argentina,
América Central y México, grandes llanuras
de América del Norte.

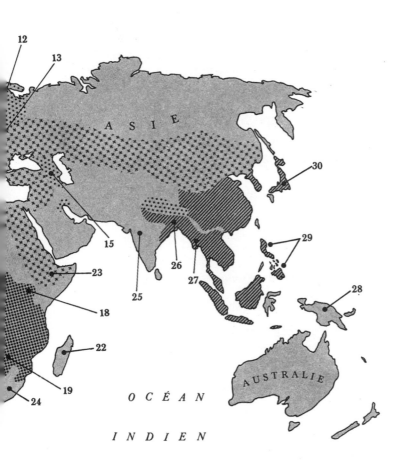

CERVEZAS DE SORGO:
Africa occidental y central,Sudáfrica.

CERVEZAS DE MIJO *(y localmente de centeno o avena):*
China del Norte, zona ancestral del
Braga desde Siberia hasta Etiopía.

CERVEZAS DE MANDIOCA:
Cuenca amazónica, Guyana, costas brasileñas.

Existen sin duda zonas muy numerosas, sobre todo en Europa Central y Asia Menor, en las que se pueden diferenciar las áreas cerveceras de la cebada y las del mijo. En China, la frontera entre el Chiu (mijo) y el li (arroz) no es tan neta.

El mundo de la cerveza

1   *Cerveza de* bromus mango, *planta bianual chilena, hoy reemplazada por los cereales europeos.*

2   *En el sur de Chile se utilizan también los granos de* araucaria, *una variedad del pino.*

3   *Cerveza peruana a base de granos de* quinoa *masticados por las mujeres.*

4   *Cerveza de algarrobo de la región argentina del Chaco.*

5   *Cerveza de ñame en Paraguay y el norte de Brasil.*

6   *Cachiri guyano a base de mandioca.*

7   *Cerveza de maíz de ciertas etnias indias mexicanas* (tesguino).

8   *Cerveza de maíz de los indios cheyennes, apaches y creeks* (teswin *o* oafka*).*

9   *Cerveza de bellotas de ciertas tribus californianas de las Montañas Rocosas (antes de su exterminio).*

10   *Cerveza de los colonos canadienses (Spruce Beer), a la cual se añaden brotes de pino o de abeto.*

11   *Cerveza belga de candeal, de fermentación espontánea:* faro *y* lambic.

12   Kwasz *o* kvas *ruso y estoniano a base de pan de centeno.*

13   Kiesiel *o* zur *de Rusia y Europa Central, a base de centeno o avena.*

14   *Cervezas familiares del norte de Francia, Bélgica y Prusia: patata y achicoria.*

15 *Cerveza de cebada lupulizada, tradicional bebida caucásica.*

16 Dolo *voltaico, una cerveza de sorgo que comercializan las llamadas «doloteras».*
17 Pito *nigeriano a base de sorgo malteado.*

18 *En Ruanda y Uganda se prepara una peculiar cerveza de plátanos.*

19 Kaffir beer *de Sudáfrica y Zimbabwe, que se bebe turbia y en plena fermentación.*

20 *Cerveza de boniatos del Zaire.*

21 *En Africa occidental se utilizan también los tallos de* burgú, *una variedad del sorgo.*

22 *Cerveza de raíces de jengibre confeccionada en Madagascar.*

23 *El* bosa *o* busa *etíope se elabora con candeal. En Etiopía se bebe también el* sala, *a base de cebada. Para preparar el* talla *se añaden unas ramitas de guecho.*

24 *En Sudáfrica se emplean los tubérculos de* pachypodium.

25 *Cerveza de las regiones pobres de la India, elaborada con* coracan.

26 Pachwai: *una cerveza de arroz sazonada con cannabis, que se elabora en las provincias indias de Bengala y Orissa. La* madhu *y la* ruhi *se hallan muy cerca de las cervezas-sopa.*

27 *Cerveza de arroz glutinoso llamada* vino moï *o* thaï *en Tailandia.*

28 *Cerveza de Nueva Guinea a base de pulpa de palmera sagú.*

29 Topuy *de los filipinos a base de arroz (análogo al* yakju *y el* takju *coreanos).*

30 *Los granos del bambú* arundinaria japonica *sirven para la preparación de una peculiar cerveza en Japón.*

*El kwasz de primavera, despachado de una cisterna
en una plaza de Leningrado.*

bebida no sobrepasa el 1 por ciento de alcohol, la más fuerte, un *kwasz* preparado con miel, puede alcanzar un 4 ó 5 por ciento, no obstante muy modesto si lo comparamos con los grados de otras cervezas.

Una fábrica artesanal de cerveza en Lvov, en el siglo XIX.

¡Desborda la cerveza, pero no la alegría! El arte de provocarse una sonrisa entre camaradas de la Interprofesional de sindicatos en Novosibirsk.

Semejante pobreza alcohólica encuentra su razón de ser en el origen campesino del *kwasz*. Sólo tardíamente convertido en hábito de los bebedores aristocráticos, e incluso en apreciado refresco del zar, la vieja cerveza de centeno mezclado con cebada o candeal es ante todo una bebida nutritiva, higiéncia y reconstituyente. Desde el año 996, para cumplir su voluntad de alimentar a los miserables de Kiev, San Vladimir siempre lleva consigo algunos toneles de *kwasz* y de hidromiel. Ocho siglos más tarde, en los hospitales militares, los enfermos reciben una medida de *kwasz* cada día.

Con la progresiva apertura de la Rusia zarista a Europa Occidental, el antiguo *kwasz* ingresa en la última etapa de su evolución: la fabricación semiindustrial. A partir del siglo XVIII, el imperio ruso importa cervezas industriales, en su mayor parte inglesas. La célebre *porter* desembarca en los puertos del Báltico y va a alimentar a la corte moscovita. Fuertemente rica en lúpulo, consistente y más alcoholizada, contrasta de manera radical con la suavidad del *kwasz*.

La aristocracia y la naciente burguesía, que hasta entonces habían compartido con el pueblo el consumo nacional de la vieja bebida, se apartan de la bebida tradicional de los mujiks y buscan nuevos sabores.

El gusto por las cervezas extranjeras de cebada no tarda en expandirse. Bajo el doble impulso de las empresas imperiales y privadas, por todas partes se construyen fábricas de cerveza industriales a imagen y semejanza de las instalaciones alemanas o inglesas. En grandes ciudades portuarias como San Petersbugo, Riga, Sebastopol o Arjangelsk, el zar explota en provecho de la corona importantes fábricas de tipo inglés.

En las campiñas rusas, de todos modos, hasta el alba del siglo XX se seguirá elaborando y vendiendo una cerveza muy parecida al *kwasz*, hecha exclusivamente a base de harina de centeno sin germinar, y de fabricación muy sencilla: se echaba la harina en una barrica, se la diluía en agua tibia, a continuación se agregaba agua hirviendo al punto que no se pudiera meter la mano, se revolvía con frecuencia durante doce horas y luego se extraía la parte líquida para alojarla en botellas donde el proceso de fermentación continuaba. Reservada durante un período de entre ocho días y un mes, aquella cerveza de centeno puro se parecía mucho a las cervezas blancas de Berlín. Edulcorada con vino de arándanos o arándanos frescos, se convertía en una regocijante bebida de fiesta aldeana.

La puesta en marcha del monopolio estatal sobre la venta de alcoholes y bebidas espirituosas iba a asestar, a fines del siglo pasado, un golpe durísimo a las cervezas rústicas o de fabricación artesanal. A partir de 1879 el Estado Imperial reglamenta tanto el comercio como la calidad de las cervezas. En 1895, la apertura de depósitos y almacenes estatales confirma la desgracia de las antiguas bebidas populares. Sólo se admitirán a la venta cervezas industriales y *porters* al estilo inglés. Si bien el Estado no posee las 1047 fábricas rusas censadas en ese año, controla, impone y reglamenta las cervezas puestas a la venta en tiendas y tabernas.

El *kwasz* industrial que hoy en día se puede beber en las repúblicas del Norte es el último sobreviviente de las antiguas cervezas de centeno. Este *kwasz*, fabricado sobre todo en verano, se despacha por medio de cisternas rodantes que se instalan en las bocacalles. Allí se va pues a beber una jarra o comprar unos cuantos litros para llevarse a casa.

En cuanto al *kwasz* familiar, a base de harina de centeno y costras de pan del mismo cereal, permanece más cercano a las venerables recetas de la rusia campesina que su pariente industrial hecho con una mezcla de centeno, cebada y avena.

En la actualidad el ciudadano soviético consume tanto vodka como cervezas de cebada (*pivo, alus* letón o lituano y *olus* estoniano), pero un refrán popular del norte de la URSS sigue dando cuenta del apego al *kwasz* tradicional: «Pasar del *kwasz* al agua» es pasar de un estado de relativa holgura a otro de miseria. Estar falto de *kwasz* significa hallarse privado no sólo de bebida sino también de alimento.

Del cuerno de beber
a la «caña»

Si la mujer elabora la cerveza, es el hombre quien bebe. De este modo, la cerveza estigmatiza la división de papeles que a lo largo de milenios ha tenido lugar en el seno de la sociedad. Actividad tradicionalmente artesanal, la fabricación de cerveza es por lo tanto competencia del sexo llamado débil. Patrona, sacerdotisa, hechicera, la mujer está investida de poderes sagrados y ocupa el centro de unos rituales mágicos sin los cuales la cerveza no sería ese brebaje excepcional al que el hombre atribuye toda clase de virtudes.

La mujer, madre de todas las cervezas

Como en el resto del mundo, en la Europa pagana la cerveza, consumida por los hombres, es preparada exclusivamente por las mujeres. No en virtud de sus talentos domésticos, sino porque el brebaje participa de un rito sagrado: la elaboración –con todos sus aspectos mágicos– y luego la libación ritual en torno a la cuba.

La responsabilidad no es de poca importancia: bastaría que las mujeres dejaran de confeccionar cerveza, o que ésta fuese mala, para que la convivencia se fuese a pique al no poder reunirse los hombres alrededor de la bebida ritual.

Tantos son los cuidados que demanda la cerveza, tan profundamente religiosos son los vínculos que su preparación mantiene con los poderes naturales, que la preparadora está autorizada para invocar a las divinidades y pedirles ayuda. Casado ya con Signy, el rey

Alrekr desposa a Geirhildr siguiendo el consejo de un cortesano que la ha visto aplicándose a la preparación de cerveza. Como las dos esposas no se entienden, el monarca decide conservar a aquella que a su regreso de la guerra le haya preparado la mejor cerveza. Ambas reinas rivalizan de inmediato y, mientras Signy invoca a Freyja, Geirhildr llama en su auxilio a Odín. A guisa de fermento, Odín presta su saliva y asegura el triunfo de Geirhildr. Aquí, pues, la intervención divina se aviene a la medida de las apuestas políticas y religiosas. El rey que hace competir a sus dos esposas no busca la mejor «cocinera» sino aquella mujer cuya cerveza atraerá los favores de la divinidad más poderosa.

Braceadora nórdica del siglo XVI (Olaus Magnus).

Sacerdotisa y hechicera

A lo largo y a lo ancho de la Europa pagana no hubo ningún lugar donde la elaboración de cerveza por parte de las mujeres fuese un simple asunto culinario. A menudo en calidad de oficiante, siempre como elaboradora, la mujer tiene una función central en la celebración de sacrificios. Un motivo del «caldero de Gundestrup», descubierto en Dinamarca y proveniente del siglo II AC, muestra a una sacerdotisa en el momento de degollar a un hombre, prisionero sin duda, bajo una cuba verosímilmente llena de cerveza. Mezclada de este modo con la sangre de las víctimas, la cerveza se transforma en bebida sacrificial.

Hospitalidad de una cervecera en la Inglaterra medieval.

Ligada a los misterios de la fecundidad por su relación con los cereales, la cerveza se ofrenda a Freyja, diosa de la fertilidad. Impregnada de misterio a causa de que se transforma durante la fermentación, conduce hasta Odín, dios de la magia negra y el simbolismo líquido.

En la leyenda nórdica, Odín, privado de pan y de bebida, aprende los nueve cantos supremos antes de beber la preciada hidromiel. Entonces comienza a «germinar y a saber, a crecer y a prosperar». Dios poderoso y temible, se convierte de este modo en divinidad del conocimiento mágico y de la poesía. Al mismo tiempo, la cerveza de los sacrificios, la cerveza de las libaciones, se enriquece con una tercera dimensión: se transforma en poción mágica, símbolo de una sabiduría cuando menos ambivalente.

Esta sabiduría, amable y positiva, inspira a los escaldos, poetas y cantores escandinavos que no dejan de magnificar a la mujer-cervecera ni a la bebida que ella prepara.

Pero es también una sabiduría terrible desde el momento en que la confección del brebaje fermentado entraña prácticas mágicas:

> «Grimhildr me trajo
> una copa de bebida
> amarga y helada
> para que olvide mis penas:
> la había glorificado
> con la fuerza de las plegarias,
> del frío mar lozano

Una elaboradora de cerveza egipcia de hace 4.500 años.
«No duermas cuando el sol está en oriente, no te
quedes sediento delante de la cerveza».

Cartel de Bastard para una marca de cervezas belga.

y de la sangre del puerco ritual.
Singulares maleficios
contenía esa cerveza;
toda suerte de hierbas del bosque
y bellotas quemadas,
brasas del fogón,
entrañas sacrificiales,
hígado de puerco cocido
pues aplacaba el dolor.»
(*Gudrunarkvida*, siglo V)

Así se esboza el retrato de la cervecera hechicera, detentadora de un saber temible, ya benéfico, ya perjudicial, pero que en ningún caso posee en su contexto original el carácter negro que querrá otorgarle la Iglesia romana.

Dichas y desdichas de la cervecera

Con la cristianización de Europa, el papel y la jerarquía de la cervecera pierden poco a poco su riqueza primitiva. Muy pronto sometida a la influencia romana, la Galia experimenta un cambio en dirección a la dulzura. A partir de los primeros siglos de nuestra era, la atracción que ejerce el vino impulsa a mercaderes y galos ricos a trocar esclavos por ánforas llenas. La cerveza desciende al rango de ordinaria bebida popular y la cervecera se ve relegada a tareas de elaboración estrictamente familiar.

Entre los pueblos celtas, nórdicos y germánicos, la resistencia es mucho más bravía. En tiempos de la conquista romana, algunos –como los nervios o los suevos– se niegan a importar vino, culpable de ablandar el carácter y, sobre todo, de prestar apoyo a la propagación de una religión y un mundo radicalmente distintos.

Tras la caída de Roma una segunda ola conquistadora, esta vez no militar sino religiosa, invade la Europa pagana. Menos estruendosa y más prolongada, esta nueva conquista no resulta menos violenta y cargada de consecuencias para los pueblos convertidos al cristianismo. Al tiempo que ocupa los lugares de culto y absorbe una parte de los rituales paganos, la Iglesia lucha abiertamente contra las prácticas «bárbaras». Las últimas resistencias, en Dinamarca y en Suecia, son dobladas a finales del siglo X. La cervecera sigue hallándose en posesión de sus calderos, pero su actividad ya no trasciende del marco doméstico. ¡Por esta vez se verá relegada «a la cocina»!

El desarrollo de las prerrogativas reales e imperiales, de los poderes centralizados que sirven de apoyo a la Iglesia, favorece la vida urbana y el nacimiento de los mercados regionales. Allí encontrará la cervecera de los tiempos paganos un terreno propicio para su actividad. La cerveza, antaño ofrecida y distribuida durante las libaciones rituales, se venderá a partir de entonces en los albergues, las fondas, los *camba* que jalonan las rutas comerciales y se establecen en los burgos. Tanto en Inglaterra como en todo el imperio carolingio renace una forma de organización de origen galorromano, la cual solía señalar dónde se despachaban bebidas por medio de una mata o una escoba colgada a guisa de insignia.

Al cambiar de carácter, la fabricación de cerveza también cambia de sexo: con la ayuda del comercio, la fabricación de cerveza se convierte poco a poco en asunto de hombres. Exceptuando los países escandinavos, en los cuales por largo tiempo la elaboración seguirá siendo hogareña, los únicos países donde se perpetúe la tradición de la mujer cervecera serán Alemania e Inglaterra. En Alemania la mujer conserva la propiedad de los utensilios de elaboración, sobre los cuales tiene pleno derecho y que le son transmitidos independientemente de los bienes del padre o el marido. Mientras tanto, en los puertos de la Liga Hanseática, por ejemplo, es rápidamente suplantada por el «profesional» masculino. Un buen símbolo de este proceso es la pobre Katharina von Bora. Cervecera de oficio en su convento, se convierte luego en esposa de Martín Lutero, el Reformador. ¡Y al haber abandonado su fábrica monacal, deberá contentarse con hacer cerveza en la cocina!

«Ale-wives» y hospitalidad

Única en toda Europa, la tradición anglosajona otorga a la mujer cervecera una importancia semejante a la de su forma pagana. Aun cristianizadas, Inglaterra, Escocia e Irlanda siguen conservando sus fiestas aldeanas y agrarias. *Mid-summer ale, lamb-ale, bride-ale, burial-ale*, no son sólo festividades sino también momentos elegidos en común para beber el *ale* que elabora la cervecera. Siempre es en ella en quien reposa la confección de un brebaje elaborado según un antiguo código de creencias, aunque el proceso sea vigilado desde cerca. La Edad Media inglesa ve aparecer numerosos edictos y reglamentaciones tocantes a la calidad, y más adelante a la cantidad, del *ale* vendido. Las tabernas se multiplican, la cervecera se convierte en ama de mesón y al cabo adquiere esa personalidad que nos ha sido transmitida a través de grabados, baladas y caricaturas populares.

El siglo XIX inglés, no obstante, acarrearía malos momentos para estas *ale-wives*, acusadas de cometer fraude sistemático respecto de la calidad y la cantidad del *ale* despachado, y de envenenar a unos clientes a los cuales solían extraer hasta el último penique. En una época de profundas conmociones, aquellas mujeres sirvieron sobre todo de chivos expiatorios.

Con el advenimiento del comercio renovado del *ale*, la fabricación se profesionaliza. *Brewers* y *brewsters* coexisten durante un período, hasta que, como en otros sitios, el oficio acaba por caer

Mother Louse, tan célebre por su ale *como por su traje, ya muy anticuado cuando murió en 1678.*

enteramente en manos masculinas. Asimismo, en la década de 1470 aparecen en las tabernas londinenses los primeros toneles de *bere*, la cerveza flamenca aromatizada, hecha con lúpulo y especias. Entre *bere-bruers* y *ale-bruers* se desata una tremenda batalla cuyas víctimas más notorias serán las cerveceras.

Con el tiempo, la fabricación de cerveza llega a ser una actividad industrial próspera, y las *ale-wives* se ven relegadas al papel de simples vendedoras de jarras o pintas que se beben en el mismo establecimiento o se llevan a casa. Aquéllos y aquéllas que comparten una jarra en la taberna de Joan, Elinor Rummyng, Molly o Gin Maggie ya no representan más que la comunidad de los pobres, los vagabundos, los trabajadores, los artistas sin éxito y los viajeros. Todas esta gentes acuden al mostrador de la cervecera en busca de un buen *ale* nutritivo, de una pinta acaso gratuita y de un recibimiento a menudo caluroso. Pues, con el tiempo y el paso de una clientela cada vez más popular, la taberna, la *ale-house*, ganan una reputación dudosa. Pocas huellas permanecen de ese mundo: un puñado de baladas, un par de panfletos y numerosas actas de juicios donde se condena a las cerveceras recalcitrantes.

Irlanda y Escocia evolucionan con mayor lentitud hacia la fabricación comercial. Así es que, todavía a comienzos del siglo XVIII, podemos encontrarnos con la Catherine Mc Bean de Haddington, la Agnes Haldane de Selkirk, la Amelia Taylor de Perth o la viuda Frances Sprot de Edimburgo. 1749 es el año en el cual se funda en Leith la fábrica William Younger, llamada a gozar de un largo futuro. Pero William también es *exciseman*, agente del fisco encargado de recorrer el campo, y la puesta en funcionamiento de su industria seguramente debe más a su mujer Grizel que a él mismo. En pleno siglo veinte, por fin, la señora C. Flett y J. Fraser fabrican cerveza respectivamente en Stromness y en Cumiestown.

Inevitable, la desaparición de las cerveceras no fue, sin embargo, en absoluto tan dramática como la de Margaret Strachan, ocurrida en 1749 en Edimburgo. A punto de desposarse, la dama confeccionó en su caldero un *bride-ale* (cerveza de novia) para hacer honor a la costumbre. Pero la fatalidad quiso que cayera de espaldas en una cuba de mosto y se quemara viva. ¡Trágica ilustración de la historia de la cerveza!

La cerveza en olor de santidad

Si a lo largo de toda la Edad Media el artesanado se torna masculino, será en los monasterios donde nazca una auténtica «industria cervecera». Antes de la innovación de la imprenta los monjes eran los únicos capaces de copiar manuscritos antiguos, familiarizarse con

La estrella alquímica protege el caldero, evita las malas fermentaciones y simboliza el arte del cervecero. El triángulo (aire-agua-fuego) se cruza con otro (malteado-braceado-fermentación), y juntos representan la transformación del grano.

técnicas seculares e intercambiar información con los miembros de otras abadías. Por lo demás, y era ésta otra ventaja inestimable, poseían todo el tiempo necesario para llevar a cabo sus investigaciones: si moría un monje, otro lo reemplazaba para reemprender los experimentos. El poderío económico de los monasterios, por entonces en plena expansión, permitía al monje cervecero desentenderse del coste de la fabricación y mejorar así la calidad del producto.

Fue por su cualidad de «atrapa-peregrinos» como la cerveza empezó a interesar a los monjes. Bebida alimenticia y vigorizante, la cerveza resultaba ideal para el reposo de los fieles. Su calidad y su originalidad garantizaban a la abadía una fama propicia al cumplimiento de su más alto propósito: el desarrollo de la fe.

Numerosos documentos atestiguan la existencia de «cervecerías» en los monasterios a partir del siglo IX. Uno de los más interesantes es el plano de la abadía de Saint-Gall, en la Suiza germánica. Trazado en el año 820, muestra claramente la existencia de tres talleres y una maltería en el recinto del monasterio. Se producían por entonces tres cervezas: la *prima melior*, destinada a los padres y los huéspedes ilustres; la *seconda*, un poco más suave, reservada a los peregrinos que iban a orar sobre la tumba del santo; y la última, que se servía a los peregrinos que pasaban por el camino. ¡El consumo de cerveza en los monasterios no debía ser nada despreciable! Júzguese si no. Dos concilios hubieron de recordar a los monjes que no descuidaran el cumplimiento de sus deberes; en 817, el concilio de Aquisgrán reglamenta el uso de la cerveza y prohíbe la cerveza de vino, mezcla ésta última particularmente eficaz... Es muy posible que estas sabias recomendaciones cayeran en el olvido, pues el mencionado reglamento hubo de ser recordado y puesto al día en el concilio de Worms, que limita el consumo de cerveza a los días de fiesta, mandato éste que confirma el concilio de Tréveris.

Hasta el siglo XI la Iglesia domina casi todo el comercio de cerveza. No será sino con la aparición del *gruyt* cuando comience a cobrar por la bebida. Si hasta entonces muchas hierbas aromáticas habían contribuído a mejorar el producto desde los tiempos sumerios, el *gruyt* tenía la particularidad de aumentar el lapso de conservación de la cerveza, concediéndole al mismo tiempo un sabor picante. Se trata de una mezcla de plantas de los pantanos: mirto de Brabante, ericáceas y romero silvestre, a los cuales en ocasiones se añadían bayas y resina. Poco a poco la introducción del lúpulo como aromatizante irá privando a la Iglesia de una fuente importante de ingresos, y numerosos miembros de la jerarquía católica se alzarán contra los maleficios de este cereal (!), los riesgos de envenenamiento ocultos en esa «planta diabólica» o los graves daños a que se expondrían quienes eligiesen beber *bière* (el nombre popular) en vez de la tradicional *cervoise*.

Muy pronto el éxito de la cerveza de los monjes comienza a inquietar a los señores feudales, que no pueden entregarse a una actividad llamativamente rentable. A partir del siglo X el poder civil intenta tomar las riendas de este fenómeno comercial, facilitando para ello la labor de los cerveceros laicos. En 974 el emperador Otón II concede derecho de fabricación de cerveza a la ciudad de Lieja, sin contrapartida alguna. Cuanto más numerosos se hagan los cerveceros de oficio, mayor será el volumen de los impuestos recaudados. En adelante, los fabricantes laicos echarán cada vez más pestes contra la competencia ilegal de las «cervecerías» monacales, obligados como están en su caso a comprar la cebada, pagar impuesto al consumo de agua, soportar las trapacerías de los inspectores-catadores y pagar un segundo impuesto sobre la venta del producto. Todo conspira, pues, para la eliminación de las fábricas monacales, tanto más cuanto que la propia Iglesia favorece el desarrollo de las viñas, más acordes con la tradición bíblica.

Poco a poco la Iglesia, pues, empieza a ceder sus privilegios: en 1068 el obispo Teoduíno concede derecho de fabricación a los cerveceros de Huy, en la ribera del Mosa; treinta años más tarde lo mismo hará el obispo Radboto con los productores de Tournai.

Del siglo XII en adelante los cerveceros de oficio han suplantado definitivamente a los monjes. Los imperativos de la competencia

han mejorado de modo considerable las cervezas «laicas». En Alemania, en Suiza y en los Países Bajos la Reforma pone en cuestión la existencia misma de los monasterios. Los impuestos que los gobernantes descargan sobre la producción, sea laica o monacal, castigan duramente a los monasterios, que no están en condiciones de producir gratuitamente. La cerveza, provisionalmente, será echa a un lado en beneficio del vino.

Con la bendición de los soberanos, comienza así el reino de las corporaciones cerveceras.

La Gran Plaza de Bruselas. Al fondo, la Casa de los Cerveceros.

Las corporaciones cerveceras

A partir del siglo X el cambio de la sociedad, que coincide con la formación de las primeras aglomeraciones urbanas, entraña un nuevo tipo de exigencias. En la vida urbana, que tiende a dislocar los universos familiar y rural, el individuo se lanzará a la búsqueda de parentescos artificiales, de un grupo en el cual pueda reconocerse y donde el principal vínculo sea la fraternidad. El gremio cumplirá ese papel.

Hacia el año 1000, en el momento de su conversión al cristianismo, el mundo nórdico sólo conoce una organización arcaica: lo que agrupa a la familia y la relaciona con otras es la religión, y lo que une a los hombres entre ellos y con los dioses es la cerveza, bebida sagrada.

El cristianismo priva a la cerveza de su objeto de fervor sin desposeerla por ello de su vocación simbólica: situada hasta entonces en el centro del sacrificio pagano, en adelante nuestra bebida ocupará un segundo plano dentro de las fiestas cristianas.

Pero la cerveza también mojona la vida cotidiana, en la cual se hunden las raíces de los gremios. Es en el mundo escandinavo donde éstos aparecen en primer término; un mundo donde las buenas relaciones de convivencia constituyen un factor esencial de organización social. Los dos primeros —el Gran Gremio de Trondhjem y el famoso Gremio de Nuestra Señora y Santo Tomás Becket— ven la luz en pleno siglo XI, respectivamente en Noruega y en Londres. Son una suerte de asociaciones de ayuda mutua y solidaridad de carácter ciudadano.

Cada miembro escoge un «hermano de leche» y contrae la obligación de la venganza de sangre en caso necesario.

Poco a poco el empuje urbano sofoca las aspiraciones de orden individual, y las preocupaciones económicas y políticas pasan a primer plano. Pronto el gremio se convertirá para sus adherentes en un medio de defensa contra los abusos del poder. Los lazos de solidaridad entre los miembros de una misma cofradía se desarrollan y encuentran su expresión en una organización corporativa. Es así como el gremio deja paso a las corporaciones.

En 1303 aparece en Brujas la Franca Corporación de los cerveceros y en 1357, en Lieja, un Maestrazgo de cerveceros. Para ser miembro no bastaba con quererlo. El ingreso del demandante en la corporación iba precedido de una minuciosa investigación : bastardos, concubinos y excomulgados quedaban excluidos. Por razones de seguridad se exigía a los aprendices de cervecero un certificado de buenas costumbres, así como el pago del derecho de su inscripción.

En la Francia del reinado de San Luis todo súbdito podía fabricar cerveza siempre y cuando respetara las reglamentaciones. En 1489 los estatutos precisan que sólo podrán ejercer el oficio de cervecero aquéllos que a juicio de sus pares posean suficiente experiencia. En 1514 las reglas se endurecen: ningún campesino podrá ejercer en París sin haber hecho tres años de aprendizaje en la ciudad. La prueba decisiva consistirá en la confección, en el lapso de una jornada, de seis sextarios de bebida de grano.

Poco a poco empieza a controlarse la propia producción. En primer lugar la cantidad, que es lo que permite garantizar trabajo a todos. A continuación la calidad: en Artois, el 1 de mayo de 1550, se prohíbe severamente a los productores de cerveza que mezclen cales o jabones con los demás ingredientes. En 1625 el rey de Francia crea un cuerpo de «visitadores y controladores de cerveza», cuyos métodos en ocasiones podían ser muy originales: se cita el caso de ciertos inspectores que antes de sentarse vertían cerveza sobre el taburete. Si cuando, al cabo de una hora, al levantarse, el calzón se les quedaba pegado al asiento, la cerveza era lo bastante buena para ser consumida. ¡En Inglaterra, el mismo hecho demostraba que el fabricante había cometido fraude con la densidad! Duro oficio, aquél...

El desarrollo industrial

El poder centralizador no podía tolerar por demasiado tiempo la presencia de un contrapoder tan organizado como el de las corporaciones. Luis XIV, eliminando el tradicional derecho que adjudicaba la autorización de un cervecero al arbitrio de sus pares, decide vender el monopolio de la fabricación a los más altos postores. Puesto que la fabricación de cerveza es un negocio rentable, se presentan numerosos aspirantes. Entre ellos hay buena cantidad de especuladores cuya notoria incapacidad amenaza arruinar para siempre la calidad de la producción francesa. Desengañado o valiente, el canciller de Ponchartrain, ministro del monarca, declara a éste en 1699: «Cada vez que vuestra majestad crea un oficio, Dios crea un necio para comprarlo». Como justa retribución de la historia, los precios de las «cervecerías» así menoscabadas desciende, y los elaboradores pueden volver a adquirir sus derechos.

La revolución industrial obra en la producción cervecera un salto adelante. La concentración de industrias –en torno a las cuencas mineras británicas, por ejemplo– crea una nueva clientela, fiel y gran consumidora de bebidas ricas y tonificantes.

Pero el verdadero detonante será la máquina de vapor, con la consiguiente irrupción de las líneas férreas. Gracias al tren los cerveceros entran en la esfera del gran comercio. Desde siempre se las han arreglado para abastecerse de materias primas empleando los medios de comunicación que tuviesen a mano. Con el tren podrán tener a su alcance las regiones más alejadas. El tren permite a los grandes productores de la costa irlandesa regar con abundancia el interior del país. El tren permite a los cerveceros suizos hacer frente a la enorme demanda suscitada por la terrible epidemia de mildéu que se desata en 1850. Y, por fin, el tren permite a la cerveza alsaciana conquistar París, y a la de Nueva Inglaterra invadir el Medio Oeste norteamericano.

Libradas de todo problema de distribución, las fábricas pueden alejarse de los puntos de venta e instalarse junto a fuentes de agua hasta entonces desdeñadas por resultar comercialmente inviables.

Pero lo más importante es que podrán aumentar su capacidad productiva. Antes de la gloriosa época de la vía férrea sólo se fabricaba durante los meses de invierno. Sólo las fábricas poseedoras de cavas lo bastante espaciosas para almacenar hielo hasta la época de buen tiempo se permitían funcionar todo el año. Con el ferrocarril, todos están en condiciones de hacerse llevar hielo desde los glaciares de la montaña.

Como una necesidad acarrea otra, el consumo de hielo natural alcanza proporciones descomunales. De 1875 en adelante, las fábricas americanas emplean hasta 30 millones de toneladas por año. En Pilsen se diseña todo un sistema de estanques a fin de «recoger» suficiente hielo para todas las estaciones... ¡Sería redundante contar cómo alentaron los cerveceros las investigaciones en torno al frío artificial!

Mientras tanto la máquina de vapor se ha instalado en el interior mismo de la fábrica. Whitbread es, en 1784, la primera firma en adquirir calderas y máquinas a vapor para la trituración de la malta y el bombeo del agua necesaria para el braceado y la limpieza de las cubas.

La segunda revolución radical en la industria cervecera ha de atribuirse a los descubrimientos de Louis Pasteur. Hacía ya largo tiempo que los fabricantes tenían la costumbre de cambiar las levaduras para renovar el proceso. Pero la introducción de levaduras mal adaptadas a sus mostos provocaba a veces accidentes, que los cerveceros del Norte pidieron a Pasteur que se acercase a estudiar en 1857.

Así pues, Pasteur observa la fermentación alcohólica y pone en evidencia dos hechos importantes: ante la ausencia de oxígeno las levaduras dejan de multiplicarse pero no mueren, alimentándose en cambio de azúcares de mosto que transforman en alcohol.

De esta evidencia extrae una conclusión aparentemente simple pero introductora de consecuencias revolucionarias: si hay enfermedad, proviene del exterior. Se trata del desarrollo de organismos microscópicos, vehículos de la contaminación. La solución, pues, consiste en proteger la cerveza de la acción de gérmenes exteriores. Una vez esterilizadas cubas y utensilios, y purificadas las levaduras, el mosto estéril tras la cocción y la lupulización ya no podrá ser afectado por contactos infecciosos durante el fermentado. Pasteur, por lo tanto, preconizará medidas de higiene draconianas en las fábricas de cerveza. A él debemos la existencia de esas salas de braceado rutilantes, embaldosadas y de todo punto impecables. También debemos a él la llamada «pasteurización», o esterilización de la cerveza acabada. De la introducción de estas operaciones, y gracias a las cubas especiales concebidas por el sabio para suprimir todo contacto del mosto con el aire ambiental infectado, surgiría una enorme gama de cervezas inalterables.

La tecnificación que marca a la industria cervecera durante el siglo XIX coincide con el nacimiento de un nuevo tipo de cerveza: la de «fermentación baja». Nacimiento o más bien renacimiento, si tenemos en cuenta que existe una mención de esta especie en las minutas del consejo municipal de Munich correspondientes al año... 1420.

¿En qué consiste su especificidad? Hace ya mucho que los cerveceros observan un fenómeno cuyo mecanismo no comprenden: la cerveza no se aceda si las temperaturas se mantienen a bajo nivel. Si por añadidura, se toma la precaución de rodear los toneles de hielo, la levadura se deposita lentamente en el fondo, debido a lo cual se produce una fuerte clarificación. En 1883 el danés Hansen aporta la solución al enigma. Es posible aislar familias de levaduras de gran pureza, algunas de las cuales fermentan específicamente a baja temperatura.

Principios del siglo XX: la fábrica de cerveza se equipa y moderniza. Entra a formar parte de los hábitos la higiene industrial.

Pasteur o la cerveza
de la revancha nacional

Es hacia 1870, después de haberse dedicado a los problemas vinculados con la fabricación del vinagre y el vino, cuando Pasteur emprende sus investigaciones en torno a la cerveza. A través de los cerveceros franceses –algunos de los cuales son amigos suyos desde hace tiempo–, Pasteur constata la superioridad de las cervezas alemanas y la dura competencia que oponen a las inglesas y francesas; se aboca entonces a trabajar con la idea de restablecer el equilibrio económico. Su esfuerzo será sostenido por industriales tan importantes como Velten –de Marsella–, los hermanos Tourtel –de Tantonville– y Tassigny –de Reims–. En 1876 se publican sus Estudios sobre la cerveza.

Pero, en el ánimo de Pasteur, se trata sobre todo de vengar la afrenta de la derrota de 1870. Y así, cuando el 26 de junio de 1871 patenta la invención de un procedimiento para fabricar y conservar cerveza, expresa el deseo de que los crudos elaborados con este método lleven el nombre de «cervezas de la revancha nacional».

Para los fabricantes recién llegados al nivel industrial se trata de una mina de oro que explotar sin pérdida de tiempo. Antes que nada, porque esta «cerveza baja» se puede beber durante todo el año, sobre todo en los meses de verano, cuando las muchedumbres sedientas se refugian en las tabernas. En segundo lugar, porque la curiosidad por lo nuevo y el esnobismo –sólo las gentes acomodadas saben diferenciar la tradicional cerveza densa, alimenticia y oscura de una auténtica *munich*– contribuyen a que el consumo del producto más reciente sea una obligación. En último término porque este producto, técnicamente más estable, evita sorpresivos disgustos: el consumidor vuelve a encontrar el sabor al que está habituado y puede identificarse con una fábrica cuya cerveza conoce.

Pero el gran inconveniente de las nuevas cervezas industriales estriba en que requieren considerables inversiones. Sólo las fábricas más ricas pueden adaptarse al progreso tecnológico y modernizar sus instalaciones.

Dentro de esta carrera hacia la modernización habrán de desaparecer numerosas «cervecerías» de pequeña entidad. Los reagrupamientos se tornan moneda corriente, fenómeno éste que no siempre redunda en provecho del aficionado ávido de diversidad. Pues lo cierto es que, a fin de que no se reduzcan sus beneficios, de rentabilizar un equipamiento cada vez más costoso, el fabricante debe aumentar continuamente la producción y vender la misma cerveza a un número cada vez mayor de consumidores. Procurará por lo tanto buscar un tipo de cerveza que, sin abandonar la cualidad de gran elaboración, posea un sabor medio capaz de satisfacer y atraer al máximo de clientes posible. Ante del apetito de unos grupos financieros que no vacilan en comprar las instalaciones de la competencia para imponer su propia cerveza en un mercado donde predomina la cantidad, las cervezas regionales tienden a desaparecer.

Iniciada ya en gran escala, la concentración del mundo productor de cerveza no ha culminado aún sin embargo. En 1905 había 3362 fabricantes belgas y 3543 franceses. ¡En 1981 los respectivos números eran de 134 y 48! Y las consecuencias las sufre el mundo entero, puesto que las fábricas de cerveza, cada vez más integradas en grandes grupos de la industria agroalimentaria, comienza a buscar salidas en los países en vías de desarrollo que aún no conocen la *lager* occidental.

Ha bastado el transcurso de un siglo y medio para transformar una geografía cervecera que desde hacía doce siglos se mantenía relativamente estable: transformación ésta comparable a la que siguió a la cristianización de Europa y el retroceso de la cerveza ante el vino. Esta vez, no obstante, la evolución ha cambiado de sentido. Países de tradición vinícola como España, Italia o Grecia, albergan hoy fábricas cerveceras de fermentación baja cuyas *lagers*, especialmente en verano, compiten seriamene con los crudos locales. Países y continentes que jamás habían conocido la cerveza de cebada asisten en la actualidad a la desaparición de sus cervezas tradicionales, en provecho de la *lager* industrial promovida con gran apoyo de capitales extranjeros y publicidad.

Por todas partes la cerveza alimenticia cede lugar a la cerveza refrescante, elaborada a lo largo de todo el año y consumida sobre todo durante la estación cálida. Se trata de una inversión total: la bebida de invierno, espesa y calórica, convertida en bebida de verano, cristalina, hiperfiltrada, sumamente ligera y fresca, que calma la sed y no el hambre. En otros términos, la cerveza ha abandonado el mundo de los panes líquidos para incorporarse al mundo de las sodas.

Tan radical es la transformación que ningún consumidor actual puede imaginarse a la cerveza sin su compañero inseparable: el refrigerador.

La última, y sin embargo feliz, consecuencia de esta evolución será el renacimiento de la cerveza tradicional hecha por manos artesanales. Las producciones industriales, demasiado estandarizadas, han provocado ciertas reacciones: en primer lugar la de los pequeños fabricantes, cuyos días estarían contados si no hicieran el esfuerzo de desarrrollar líquidos de gran calidad gustativa. El ejemplo provino de Bélgica, pequeño país de grandes cervezas, rico en tradición y en especialidades.

En seguida tuvo lugar la reacción de los aficionados: el nacimiento de la *Camra* en Inglaterra, y el de la *Cht'i Vert* en Francia, demuestran sobradamente que la defensa de las cervezas artesanales pasa por el reconocimiento de la diferencia existente entre las especies refrescantes y las de sabor y aroma fuertes y característicos. Este nuevo florecimiento, por lo demás, no ha escapado al ámbito de las firmas industriales, que ahora lanzan al mercado cervezas de sabor «inglés» o «irlandés», cervezas «diferentes», cervezas con nombres de abadías, etc.

Pero al aficionado le cabe aún
una deliciosa tarea:
apreciar
la diferencia.

Cromo de 1907.
La Belle Epoque descubre las jarras de cerveza; ha nacido una nueva
forma de esnobismo, la jarra fresca y espumosa simbolizará pronto
el *nec plus ultra* de la cerveza.

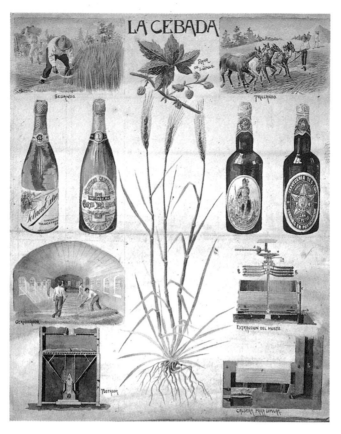

El nacimiento de la cerveza, desde la espiga hasta
la botella, explicado a los escolares mejicanos.

Un bar improvisado en el mercado camerunés de Mokolo.
¡La cerveza de mijo es fresca, el servicio impecable!

LA GENEALOGIA DE
LA CERVEZA EUROPEA

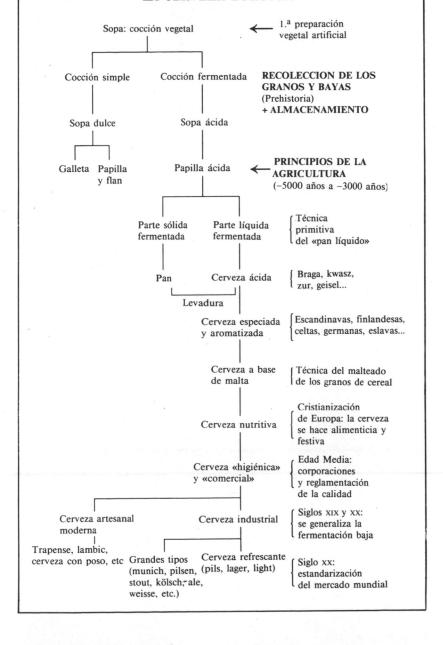

Sopa: cocción vegetal ← 1.ª preparación vegetal artificial

Cocción simple   Cocción fermentada   **RECOLECCION DE LOS GRANOS Y BAYAS** (Prehistoria) **+ ALMACENAMIENTO**

Sopa dulce   Sopa ácida

Galleta Papilla y flan   Papilla ácida ← **PRINCIPIOS DE LA AGRICULTURA** (−5000 años a −3000 años)

Parte sólida fermentada   Parte líquida fermentada   { Técnica primitiva del «pan líquido»

Pan   Cerveza ácida   { Braga, kwasz, zur, geisel...

Levadura

Cerveza especiada y aromatizada   { Escandinavas, finlandesas, celtas, germanas, eslavas...

Cerveza a base de malta   { Técnica del malteado de los granos de cereal

Cerveza nutritiva   { Cristianización de Europa: la cerveza se hace alimenticia y festiva

Cerveza «higiénica» y «comercial»   { Edad Media: corporaciones y reglamentación de la calidad

Cerveza artesanal moderna   Cerveza industrial   { Siglos xix y xx: se generaliza la fermentación baja

Trapense, lambic, cerveza con poso, etc   Grandes tipos (munich, pilsen, stout, kölsch, ale, weisse, etc.)   Cerveza refrescante (pils, lager, light)   { Siglo xx: estandarización del mercado mundial

Técnicas de una alquimia

Cuando marcha el almidón... marcha todo. En efecto: sin esta materia prima indispensable no puede pensarse en la cerveza. Pero, si bien indispensable, el almidón no es condición suficiente, ya que el nacimiento del precioso brebaje va precedido de un puntilloso proceso. En esta cadena de operaciones delicadas se advierten dos grandes etapas; malteado y braceado, y ciertos agentes secretos que otorgan a cada variedad sus rasgos característicos: las levaduras, los aromatizantes y un agua de gran pureza. Combinación de química, biología y arte culinario, la elaboración de la cerveza es una técnica rigurosa. ¿Por qué no echar un vistazo a la misteriosa operación?

Malteado y braceado

Para fabricar cerveza hay que llevar a cabo cinco operaciones:

1.– Se busca una fuente de almidón (harina de cereal, de mandioca, fécula de patata, etc.).

2.– Se hacen estallar los granos para liberar el almidón.

3.– Se convierte ese almidón en azúcares simples (maltosa, glucosa, etc.).

4.– Se añade un fermento (levadura, múcor, etc.) que transforma parte de los azúcares en alcohol.

5.– Si se quiere, puede filtrarse el líquido obtenido.

Y al final de la cadena aparece la cerveza: una bebida dulzona, a veces un poco ácida, ligeramente burbujeante y más o menos alcohólica, que se debe beber con rápidez pues no se conserva mucho tiempo.

Tal es la receta de base que siguen los cerveceros de todo el mundo. Desde la dolotera de Ugadugu hasta el ingeniero de Kronenburg, únicamente varían el cereal utilizado, los instrumentos y las técnicas de control. La cervecera africana añade los extractos de ciertas plantas escogidas en la sabana, y el fabricante europeo tallos de lúpulo que aromatizan la cerveza y le garantizan una mejor conservación.

Una vez encontrados los granos, todo comienza con el malteado. El malteado no consiste en otra cosa que confiar al grano la realización de las primeras operaciones. Dicho de otro modo, en permitir que trabaje el germen que el grano contiene.

En la naturaleza, un grano germina tan pronto como se encuentra en un ambiente cálido y húmedo. Sin embargo no puede hundir en seguida las raíces en tierra. Antes que nada le es preciso alimentarse de almidón. Con este fin emite unas enzimas que transforman el almidón, que es indigesto, en azúcares simples y asimilables.

Aquí se detiene la «colaboración» entre el germen y el fabricante. Hasta ahora el segundo no había hecho sino reproducir las condiciones naturales de la germinación mediante fases alternadas de humidificación y aeración. Lo que hará a continuación será interrumpir brutalmente el proceso secando el grano con aire caliente. Es la *desecación*. Durante su paso por las vastas fuentes de la estufa, el germen –de sólo unos 2 mm de largo– se abarquilla. Un desgerminador lo separa del grano, y es este grano el que en adelante llevará el nombre de *malta*. Los granos de malta difieren de los crudos por su friabilidad, por el sabor azucarado, por el aroma a menudo muy fino, más o menos acaramelado según la importancia del secado, y por el color, que va del rubio pálido al castaño profundo según la temperatura y la duración del «golpe de fuego».

Se dice que la malta es el alma de la cerveza. En cualquier caso, el malteado es una operación tan capital que ha sido separada del braceado propiamente dicho, convirtiéndose la maltería en una empresa independiente que provee al cervecero de un producto básico específico. ¡A cada cerveza su malta particular!

EL MALTEADO
(de 8 a 12 días antes del almacenamiento)

CEREAL

La fábrica selecciona las variedades de cebada que contengan el mínimo de ázoe.

LIMPIEZA
Y CALIBRADO
de los granos crudos

Granos

Sólo se maltean lotes de granos homogéneos y apropiados.

REMOJO Y OXIGENACION
de los granos
+ removido

Agua   Granos

Aire

Los granos se hinchan. El embrión respira. El frecuente removido mantiene la temperatura en torno a los 14.ºC.

GERMINACIÓN CONTROLA-
DA de los granos

Durante el crecimiento del germen, el almidón del grano se transforma en azúcares.

TUESTE de los granos germinados (fuego directo o aire caliente)

de 60º a 100ºC

El grano se deseca progresivamente. El «golpe de fuego» mata el germen y da a la malta su color.

DESGERMINADOR

Separación del germen y el grano

PALE AMBRE CARAMEL BRUN

Se elimina una fuerte proporción de ázoe, en vistas al braceado.

Obtención de la malta

ALMACENAMIENTO de 2 a 6 .
semanas

La malta está lista para dar a la cerveza su aroma y sus colores.

La segunda operación es el braceado. Consiste en proseguir en un medio acuoso el trabajo preparado por el embrión durante el malteado. Mediante la trituración de los granos de malta el fabricante obtiene una harina que diluye con agua tibia en una cuba. El almidón provoca un rápido espesamiento de la mezcla, que es preciso remover sin cesar para que no cuaje. Para esta tarea el cervecero de antaño empleaba una suerte de larga pala cóncava y... sus propios brazos. A partir del siglo pasado las cubas se empezaron a fabricar provistas de motores que accionan unas aspas. Durante toda esta operación el cervecero vigila de cerca la temperatura del recipiente. De ser ésta demasiado baja, el almidón no llegará a transformarse en engrudo. De ser demasiado alta, morirán las enzimas y con ellas desaparecerá la oportunidad de hacer cerveza.

En un lapso que va de dos a seis horas según el método empleado, se obtiene un mosto azucarado, rico en ácidos aminados, en taninos y en diversas sustancias solubles. Después de haberlo filtrado, este mosto se vierte en la caldera de lupulización, donde el lúpulo cumple las funciones de esterilizarlo y perfumarlo. Al cabo de una hora y media se ve aparecer un mosto dulce y pálido; al cabo de dos horas y media, un mosto más oscuro. Los cerveceros ingleses añaden azúcar al mosto de la caldera para otorgar a sus *mild ales* un sabor más francamente acaramelado.

Pero atención: puesto que al salir de la caldera el mosto está esterilizado, es menester precaverse para que no se contamine; pues, en efecto, este líquido azucarado, rico en ácidos aminados, es una presa codiciadísima por bacilos y demás bacterias. Por lo tanto es preciso enfriarlo para que alcance una temperatura de siembra tal que no mate la levadura. Fue Pasteur quien encontró la solución: el mosto hirviente ha de ser enfriado lo más rápido posible, y los contactos con el aire ambiente o con instrumentos contaminados deben evitarse al máximo. De esta necesidad doble nacieron los intrumentos actuales: comunicadores con placas en cuyo interior el mosto circula al abrigo del aire.

Una vez enfriado y oxigenado, el mosto pasa a la cuba de fermentación, donde recibe una cerevisina preparada con levaduras de cultivo lo más puras posible. Una vez sembrado, fermenta vigorosamente, burbujea y se cubre de espuma. Esta fermentación principal dura de ocho a doce horas. La cerveza joven, aún en en efervescencia, se bombea acto seguido hacia los tanques de conservación (o los toneles de madera de las cervecerías tradicionales). Allí madura,

LA ELABORACIÓN:
DE LA MALTA A LA CERVEZA

Entrega y triturado de la malta

MALTA

La malta es reducida a harina, según la fineza deseada.

AGUA CALIENTE

TRITURADOR

Mezcla en cuba: agua caliente + harina de malta

El almidón forma un engrudo; luego se licúa bajo la acción de enzimas que lo convierten integralmente en azúcares.

RESIDUOS

Filtración en cuba y evacuación de los residuos sólidos

LUPULO

Las partes líquidas de la calderada se separan de las sólidas.

Lupulización: mosto claro + conos de lúpulo

CALDERA

Durante la cocción, el mosto es aromatizado por el lúpulo.

FRACTURA

ABONO

Enfriamiento rápido del mosto al abrigo del aire

LEVADURAS

El mosto hirviente y despojado de moléculas grandes (fractura) se lleva a temperaturas de 10-15°C.

Enriquecimiento del mosto lupulizado con levaduras y fermentación

La adición de levaduras transforma los azúcares en alcohol y gas carbónico

LEVADURAS

Separación de las levaduras

Caldera siguiente o alimento para el ganado

El filtrado suprime gran parte de las levaduras.

Reposo en tanques isotérmicos cerrados

La cerveza joven madura durante algunas semanas

Trasiego para el embotellado o el reparto en toneles y barriles.

Se procede a trasegar evitando todo contacto con el oxígeno del aire.

se adelgaza, adquiere su *bouquet* definitivo y se carga de gas carbónico. Según la fábrica y la rentabilidad buscada, la conservación dura de una a diez semanas. Una fermentación secundaria en cubas de madera suele conferir a la cerveza un sabor incomparable. Ciertos productores ingleses añaden una pizca de lúpulo fresco para reforzar el aroma.

El fabricante satisfecho de su cerveza puede someterla a una segunda filtración para obtener una bebida cristalina. «Tan transparente como el agua del manantial», dicen los fabricantes; «pero tan insulsa como ese agua», responden los amantes de las cervezas vivaces y robustas. Y es cierto que, al cabo de varias filtraciones y clarificados, la cerveza, excesivamente despojada, puede perder su personalidad y sus cualidades. Buen ejemplo de ello son ciertas *lagers* internacionales. El reverso de su excelente calidad técnica es una notable probreza de sabor. Hace falta acudir a las fábricas artesanales para volver a encontrar aquellas cervezas ricas, robustas, más densas a menudo, que satisfacen a un tiempo el olfato y el paladar.

Pues o se bebe una cerveza para aplacar la sed, o se bebe una cerveza para ser saboreada: ambas satisfacciones no van juntas.

Nuestras amigas las levaduras

En los orígenes de toda cerveza está la levadura. Sin ella ningún hombre habría podido preparar jamás la menor sopa o la menor bebida, y es por la clase de levadura empleada como hoy en día se distinguen los distintos tipos de cerveza.

Presentes tanto en la paja y los tejidos vegetales como en la saliva humana y la animal, las levaduras ya tenían un papel adjudicado en la cocina primitiva. La Antigüedad y el Medioevo explicaron el misterio de la fermentación recurriendo a los grandes principios que regían tanto lo viviente como lo inanimado: tierra, aire, agua y fuego. Pero sería el siglo XVIII europeo el que habría de proporcionar las primeras claves.

En 1760 Lavoisier prueba que la cantidad de azúcares consumidos durante la fermentación es igual a la cantidad de gas y alcohol que se genera. Es en 1830 cuando las levaduras se identifican como responsables de la fermentación. Tras haber aislado aquellos microscópicos agentes, el químico alemán Mayer los bautiza con el nombre de *saccharomyces*, traducción científica de la expresión utilizada por Schwann: «hongo del azúcar».

El mosto hirviente se vierte en un recipiente enfriador.

Siguiendo a Pasteur, el danés Hansen, empleado de los laboratorios Carlsberg en Copenhague, prueba en 1883 que las levaduras industriales contienen en realidad una gran variedad de especies leudantes. Cada una de ellas posee una propiedad diferente y produce una cerveza distinta en cuanto a sabor, graduación alcohólica y resistencia a las bacterias.

Hansen aisla en primer lugar las levaduras puras de fermentación a temperaturas bajs. El punto óptimo de fermentación de éstas se sitúa entre los 8º C y los 10º C, aunque en realidad siguen mostrándose activas aún a 0º C, virtud que resulta inapreciable para las cervezas puestas a madurar en cubas refrigerantes. Se da a estas levaduras la calificación de «bajas» porque se precipitan al fondo de la cuba de fermentación.

Las levaduras llamadas «altas», por el contrario, que trabajan entre los 15° C, y los 20° C, ascienden con las espumas durante el proceso de fermentación. Son ellas las que dan a la cerveza un perfume secundario muy acusado y un fuerte *bouquet*.

Tallo voluble de lúpulo
con conos maduros.

UN CULTIVO DELICADO

La planta a la cual la historia y los acontecimientos europeos han dado preferencia hace las delicias de los cerveceros pero es el desvelo de los «lupulistas». Para el delicado cultivo de esta especie frágil y exigente es menester un importante despliegue.

El lúpulo es voluble: su tallo se enreda alrededor de un soporte hasta alcanzar una altura de 4 ó 5 metros. En otros tiempos se clavaban al sol varas de pino o alerce embetunadas y alineadas de norte a sur para facilitar el trabajo de los tallos. Esta onerosa técnica fue reemplazada por el empleo de hilos de hierro galvanizado cuyo tejido, bien estable, señala hoy en día la presencia de la planta. El principio no ha variado, pues: asegurar para el lúpulo la mayor cantidad posible de aire y luz gracias a una razonable disposición de los hilos verticales.

Llegada la madurez, la planta femenina (la única cultivada, excepto en Inglaterra), produce unos conos, pequeñas «piñas» provistas de hojas que encierran la preciada lupulina. Es a causa de esta resina amarilla por lo que se prodigan tantos cuidados. Este «oro del cervecero» contiene el óleo esencial, las resinas y ácidos amargos que aromatizan el mosto durante la ebullición. El amargor y el perfume que caracterizan a las cervezas europeas se adquieren en ese momento.

Antes de caer en la caldera del cervecero, los conos y su lupulina se recolectan en agosto o septiembre, según se haya cultivado lúpulo temprano o tardío; luego se los seca de inmediato para prevenir cualquier recalentamiento; azufrados y comprimidos en balas, se los conserva en una atmósfera seca, fría y pobre en oxígeno, pues la lupulina, decididamente exigente, acusa los efectos de la oxidación.

CERVEZAS «COMPLEJAS»
Y CERVEZAS «INCONTROLADAS»

Se denominan «complejas» las cervezas que requieren la participación, tanto de mohos (para la sacarificación) como de levaduras (para la fermentación). Se trata, esencialmente, de las cervezas de arroz.

Las cervezas «incontroladas» sirven ellas mismas de caldo de cultivo a fermentos silvestres: levaduras, bacterias y bacilos. En estos casos la fermentación alcohólica va acompañada de fermentación láctica y acética, y de una contaminación que acaba pudriendo la bebida al cabo de pocos días. Todas las cervezas tradicionales, por ejemplo aquéllas cuya pasta original se mastica antes de ponerla a fermentar, pertenecen a este tipo, al igual que cervezas como el dolo *y el* kwasz, *cuyas levaduras no son objeto de tratamiento particular alguno.*

No son por lo tanto ni el color ni el aspecto los que permiten definir una cerveza, sino su tipo de fermentación. Existen pues:

– Las cervezas de fermentación baja, por lo general doradas (*pils, munich, lagers, bocks, rauchbier*).

– Las cervezas de fermentación alta, ambarinas o negras con mayor frecuencia, aunque a veces también doradas (*de abadía, trapenses, ales, altbier, de temporada, reservas, kölsch, blancas* alemanas o belgas, *weizenbier*).

– Las cervezas de fermentación espontánea, en las cuales las levaduras no han sido objeto de selección o cultivo especial. El mosto de esta cervezas recibe sus levaduras por contacto con el aire ambiente. Esta forma de fermentación, arcaica pero no anacrónica, está en los orígenes de las cervezas de fuerte personalidad (las belgas *lambic, gueuze lambic* y *kriek lambic*).

Aromas que no se parecen a nada

Eranse una vez algunos cientos de aromatizantes que, alrededor del mundo, los hombres mezclaban con sus granos triturados para realzar el dulzor un poco evanescente de sus cervezas.

Especiada, perfumada, áspera o amarga, anisada o picante, afrutada o vegetal, la cerveza de los hombres tiene a sus espaldas una prolongada carrera. Los cerveceros chinos han llevado el refinamiento al extremo de añadir flores a la cerveza. En Súmer, Egipto y América, se le agregan dátiles y miel —para azucararla, es cierto, pero también para acelerar la fermentación—. El romero de las cerveceras inglesas mantenía alejados a los malos espíritus, mientras que la floración de los brezos en las cumbres señalaba para los celtas la celebración de las fiestas estivales.

Conjuntamente con África y China, Europa se cuenta entre las regiones que más metódicamente han aromatizado la cerveza. Limitándonos al continente europeo, dos plantas exhiben una historia ejemplar.

El mirto y el romero silvestre

Desde Irlanda hasta las costas noruegas y danesas se encuentra un arbusto común a muchas zonas húmedas. Se trata del *myrica gale,* también llamado *cerero, pimiento real, mirto de los pantanos* o *mirto de Brabante,* cuyo empleo en la elaboración de cerveza data por lo menos de la edad de bronce nórdica (1800-1200 AC).

A lo largo de los siglos esta planta fue incesantemente valorada. Un documento noruego de 1344 deja constancia de un dominio real arrendado contra un pago regular en *pors,* es decir en mirto. En el siglo XIII, la ley sueca prohíbe realizar la primera cosecha de *myrica gale* antes de la fiesta de San Olaf, el 6 de agosto, porque la recolección prematura de la planta no permitiría que los frutos se cargasen de su rica y perfumada resina.

Estigmatizada durante la Edad Media en las Islas Británicas, allí no será tan apreciada como el romero o el brezo. Existe un documento fechado en 1471 en Norwich que prohíbe su utilización.

«BIÈRE» O «CERVOISE»

La generalización del uso del lúpulo como planta aromática coincidió con la aparición de un nuevo término en Francia, país del cual España había traducido el castellano «cerveza». De cervoise, *la bebida pasó a llamarse* bière. *La palabra, que proviene de la antigua voz germánica* beor *o* bior, *entró en Francia por las fronteras norte y este, exactamente como la planta... Se la ve aparecer por primera vez en 1489, en los estatutos concedidos por Carlos VII a la corporación de cerveceros de París, entonces llamados* cervoisiers et faiseurs de bière. *El viejo apelativo no tendrá vida más larga, a partir de ese momento, que los viejos preparados a base de plantas aromáticas.*

Por la misma época el fenómeno se reproduce al otro lado del Canal de la Mancha. Al descubrir la cerveza lupulizada de Flandes, los ingleses la premian con un vocablo sajón, beere, *incluida ya dentro de la palabra* barley *(cebada), que significa «planta para la cerveza) (*beere-lec*). Adaptándose a los tiempos, los elaboradores de* ale *lupulizan su bebida, pero le conservan el nombre. Más adelante comenzarán a llamarla indiferentemente* ale *o* beer.

El terreno predilecto del mirto es el Norte: Noruega, Suecia, Dinamarca. Todavía hoy se elaboran cervezas con lúpulo y mirto a partes iguales, bebidas deliciosas y por completo inofensivas que muy lejos están de provocar esos accesos de furiosa locura que quieren imaginar ciertas leyendas.

Muy distinta es la historia del *ledum palustre* o romero silvestre. Al contrario que el *pors*, se trata de una planta continental. Crece en Finlandia, Alemania del Norte, Polonia y Checoslovaquia. Después de haber aromatizado la cerveza y la hidromiel, no tardó en ingresar en la composición del *gruyt*, esa compleja mezcla de plantas salvajes reputada por facilitar la fermentación y otorgar a la cerveza un sabor sobresaliente.

Con el nacimiento de las corporaciones, la especialización de los oficios y las prácticas empíricas de control de la fermentación, el preparado del *gruyt* se convierte en competencia del alquimista, que prepara su mezcla de hierbas en el secreto de la *gruythaus*. Esotérica en apariencia, está técnica se apoya de hecho en creencias populares.

En particular, el romero silvestre tiene la reputación de preservar a los líquidos de la putrefacción.

Hacia 1160 Hildegarde de Bingen lo cita entre las cerca de trescientas plantas de su *Physica* al lado del lúpulo, cuyas propiedades calmantes y somníferas se hacen conocidas después de la Edad Media. Así aparece el competidor más directo del romero salvaje y las demás especias que componen el *gruyt*. Al igual que éstas, el lúpulo es una planta cervecera. Cultivado casi exclusivamente para ser empleado por los cerveceros, poco a poco acabará imponiéndose como único aromatizante europeo. Una guerra despiadada estalla entre los partisanos del *gruyt* y los defensores del lúpulo; el resultado es harto conocido.

El lúpulo, un postergado pleno de futuro

Llegado tardíamente al concierto de los aromatizantes, el lúpulo no carece por ello de nobleza. En estado salvaje, suele encontrárselo hasta en las costas noruegas. Según Lineo, sería de Tibet y Yunán de

A finales del siglo pasado, mujeres y niños cortan y seleccionan los conos de los tallos de lúpulo que los hombres traen de los alrededores. (Berstett, en Alsacia.)

donde habría seguido a los hombres en sus migraciones para llegar a Europa y América del Norte.

Planta de usos múltiples, el *humulus lupulus* pertenece a la familia de los cannabaceos. Guarda cierto parecido con el cáñamo y su tallo sirve para fabricar fibras textiles. Su segunda utilidad es de carácter medicinal: de las ciento veinte toneladas que aproximadamente se venden cada año en el mundo, una pequeña parte va a parar a farmacias y herboristerías. Pero fue a través de la cerveza como llegó a convertirse en planta de cultivo industrial. De todas las especies propuestas al hombre para aromatizar sus cervezas, sólo el lúpulo consiguió eliminar a sus competidoras.

Las últimas peripecias de esta lucha tuvieron por marco la inexpugnable Inglaterra, que no obstante acabó conquistada. Cuando en 1524 Richard Baker exclama: «Pavos, carpas, lúpulo, Reforma y cerveza llegaron a Inglaterra en el mismo año», está constatando a su manera que en menos de ciento cincuenta años el lúpulo ha reemplazado al brezo, el romero, el jengibre, el cilandro y algunas especias más.

En el continente ya se ha adjudicado la parte del león. La antigua *cervoise* se ha convertido en *bière* lupulizada, en tanto Juan Sin Miedo, duque de Borgoña, crea en 1409 una «Orden del Lúpulo». A mediados del siglo XIII el rey Wenceslao I ya había instaurado la pena de muerte para quien vendiese fuera de Bohemia los preciosos esquejes de lúpulo.

Por todas partes, en cierto modo, la guerra del lúpulo enfrenta a los poderes laicos con las autoridades eclesiásticas, dado que estas últimas se arrogan el monopolio de la fabricación y venta de *gruyt*. Por razones comerciales los cerveceros artesanales, por motivos políticos las autoridades civiles, ambos grupos unen esfuerzos para eliminar el *gruyt* y promover el lúpulo.

En poco tiempo Europa desarrollará una industria del lúpulo y distintas variedades de crudo. Desde siempre las más renombradas son las de Saaz, en Checoslovaquia, responsables del aroma de la célebre Pilsen. A continuación figuran las de Tettnang, Hallertau y Spalt, todas ellas bávaras, luego la Estiria yugoslava, la jurásica, la alsaciana, y por fin las flamencas, las inglesas de Kent y las americanas de Oregon.

Los magnates de la industria cervecera

¿Para cuándo un serial televisivo sobre los emperadores de la cerveza? Las grandes familias de la bebida dorada han dado lugar a dinastías no menos importantes que las del mundo petrolero. Empresa económica y comercial de auténtica escala planetaria, la industria cervecera reviste acentos de saga familiar al pronunciarse nombres tales como Guinness, Heineken o Carlsberg. También la cerveza tiene su novela... He aquí, pues, algunos de sus personajes centrales.

Guinness

Nacido en 1725, a los treinta y un años Arthur Guinness compra una pequeña fábrica de cerveza de Leixlip. Tres años más tarde parte rumbo a Dublín a probar suerte y deja el negocio al cuidado de su hermano menor.

Recién llegado, adquiere un minúsculo y mal equipado taller de braceado en St. James Gate; al cabo de un período relativamente breve se habrá puesto al frente de una próspera empresa.

El 1 de diciembre de 1759 firma un contrato de arrendamiento por 9000 años a razón de 45 libras anuales: no puede decirse que no confiara en el futuro... Mientras tanto se introduce en la vida pública, llega a ser gobernador del Meath Hospital y secretario de la Fraternidad de St. Patrick, cuyo propósito es combatir el hábito de batirse a duelo.

Ocho años después de su arribo a la capital irlandesa, Guinness es maestro de la corporación de cerveceros y, al cabo de veinticinco años de ejercer al profesión, cervecero oficial de Dublin Castle, el palacio de gobierno irlandés.

El origen de su fortuna se remonta a un día de 1770, cuando llegan a Dublin las primeras botellas de *porter* londinense. Ante el éxito de esta nueva cerveza, entre los fabricantes irlandeses cunde la duda: ¿han de conservar su tradicional *ale* o adaptarse al gusto de la época? Guinness será el primero en dar el paso. A partir de 1790 su *porter* es conocida en Londres. En 1799 sale de la fábrica de St. James Gate la última entrega de *ale*. En adelante no se producirá más que *porter*, variedad que hará célebre a la empresa.

Guinness, en Dublín: la mayor fábrica de cerveza del mundo en su época.

A la muerte de Arthur Guinness en 1798, es su hijo Arthur Guinness II quien ocupa su puesto a la cabeza de la firma. Las guerras napoleónicas le abren un mercado extremadamente rentable, pues se hace preciso dar de beber a los ejércitos en campaña. Un oficial de Wellington, gravemente herido en combate, escribe en su *Diario*: «... Una vez me hube restablecido lo bastante, me permití tomar algo de alimento. Recuerdo que mi deseo más caro fue beber un vaso de Guinness... Y estoy seguro de que la cerveza contribuyó a mi recuperación más que cualquier medicina...»

El período negro de la recesión comienza en 1815; en 1824 las ventas se hallan en su nivel más bajo desde comienzos de siglo. Es entonces cuando Arthur II consuma un golpe de jugador de póquer para librar a la empresa de sus dificultades. Mientras todos los fabricantes reducen los costes de producción y comercializan cervezas rebajadas, él decide elaborar una *porter stout (porter* «robusta») de calidad superior, una *extra porter stout* más densa y más lupulizada.

Por la misma época el gobierno toma medidas para apoyar a la industria cervecera, fuente de recaudación fiscal e importante medio de lucha contra las destilerías clandestinas. Guinness sabe sacar provecho de la situación y a partir de 1833 se afirma como el cervecero más importante de Irlanda.

Cuando en 1855 muere Arthur Guinness II, lo reemplaza su tercer hijo, Benjamin Lee Guinness, prototipo del hombre de negocios del siglo XIX que hará de St. James Gate la mayor fábrica de cerveza del mundo. Esta fábrica es, aún en la actualidad, una ciudad dentro de Dublín y un verdadero imperio en el seno de Irlanda.

Bass Charrington

La historia de Bass se confunde con el de la ciudad de Burton-on-Trent, uno de los grandes centros cerveceros del planeta.

En el año 1002 la abadía de Burton es la primera en comprender el valor y la calidad del agua del Trent. En efecto, las mejores aguas para elaborar cerveza son las más ricas en sales minerales, calcio y magnesio sobre todo. Pues bien, el agua de Burton, caracterizada por su dureza, contiene un promedio de 200 a 300 mg de sulfato de calcio por litro, disueltos al pasar las aguas de infiltración sobre las afloraciones de yeso de la parte alta de la ciudad. Durante cinco siglos los monjes confeccionan allí unas *ales* de sabor seco y ligeramente astringente.

No será hasta comienzos del siglo XVIII cuando se cree junto a Trent la primera elaboradora industrial de cerveza. En 1744 se instala en la ciudad William Worthington, seguido muy pronto de William Bass, propietario de una compañía de transportes.

En 1787 una asociación de cerveceros de la ciudad, conformada en esencia por Bass y Worthington, decide entablar relaciones comerciales con los países del Báltico y con Rusia: la mitad de las cervezas Bass se fabrican para la exportación, al menos hasta que el bloqueo impuesto por Napoleón interrumpe momentáneamente este proceso expansivo.

La ciudad, no obstante, encuentra un mercado extranjero tan importante como inesperado a raíz de la colonización de la India. La *East Indian Pale Ale,* un nuevo tipo de cerveza ligera y alcohólica, adaptada al gusto de las tropas británicas y al clima de las colonias, fundamenta la fortuna de los cerveceros de Burton.

Cuenta la leyenda que la metrópolis británica conoció aquella cerveza por casualidad. En 1827 un navío cargado con 300 toneles de bebida se va a pique en el mar de Irlanda. Los toneles que se consiguen salvar del naufragio son revendidos en Liverpool, donde obtienen un éxito inmediato.

En 1926 Bass y Worthington fusionan sus empresas y en 1961 se asocian con el segundo gran grupo de la región de las Midlands, Mitchell & Butlers. En 1967, por fin, la fusión del consorcio con la firma londinense Charrington consuma, sin duda provisionalmente, la constitución de uno de los *big six* (seis principales) de la industria cervecera británica.

Kronenbourg

En junio de 1664 Jerome Hatt, que acaba de obtener su diploma de maestro cervecero, compra la Brasserie du Canon, situada en la Place du Corbeau de la ciudad de Estrasburgo. Allí los Hatt se sucederán de padres a hijos hasta que en 1842 uno de ellos, Federico-Guillermo, compre la Brasserie du Bas-Rhin del barrrio de Krutenau. Instalada a orillas del Ill, río de caprichosas costumbres, las salas de almacenamiento se inundan varias veces y la empresa traslada sus actividades a las alturas del *faubourg* de Cronenbourg, donde hoy se encuentra la fábrica.

La entrada en servicio del tren París-Estrasburgo permitirá a la cerveza de Alsacia conquistar el mercado capitalino. El «tren de la cerveza», semanal en principio, se vuelve cotidiano a partir de 1857. Pero la ocupación alemana ha de frenar la expansión de la Kronenbourg en Francia, y habrá que esperar a que acabe la Primera Guerra Mundial para que en 1919 Maurice Hatt, incorporada al país galo la región de Alsacia-Lorena, descentralice su actividad comercial y establezca relaciones fluidas con Lille, Lyon y Marsella.

Paralelamente, Hatt compra en Estrasburgo la Brasserie du Tigre y lanza en toda Francia la marca *Tigre Bock*, merced a lo cual habrá de convertirse en el primer cervecero alsaciano.

Destruida durante la Segunda Guerra, la fábrica es reconstruida y modernizada después de la Liberación. Tras reiniciarse en 1951, en 1959 la producción duplica las cifras anteriores a la guerra. La creación del Mercado Común Europeo comunica a la firma un renovado impulso, gracias al cual en 1961 llega a producir un millón de hectolitros. El ingreso de la Kronenbourg en el grupo BSN-Gervais-Danone –el mayor consorcio agro-alimentario de Francia y el tercero de Europa–, refuerza su poder financiero. La fábrica se convierte en la número 1 de las productoras europeas de cerveza embotellada; actualmente produce 7 millones de hectolitros al año.

Stella Artois

Mucho antes del siglo XIV ya es posible encontrar en Lovaina una multitud de pequeñas fábricas locales de cerveza. La vieja ciudad belga cuenta, es cierto, con tres ventajas excepcionales: una vía de agua navegable, una situación económica privilegiada en el centro de una llanura cerealera y una población numerosa. Un documento municipal fechado en 1366 atestigua la existencia de una pequeña fábrica, de nombre Cornet, establecida en las tierras del conde de Lovaina.

En 1717 Sébastien Artois compra ese establecimiento y le da su nombre. Su nieto Léonard se encarga de expandirlo al comprar otras dos fábricas de la ciudad, la Kroon y la Prince Charles. Ya bajo el reinado de Napoleón I, Artois se convierte en la principal industria cervecera de todo el imperio con una producción de 80.000 hectolitros.

En la Exposición de Bruselas del año 1880, los belgas descubren un nuevo tipo de cerveza, la *munich*, que seduce los sedientos paladares de la población. Artois ve en este fenómeno una ocasión invalorable y se lanza a producir una bebida de fermentación baja. Inmediato, el éxito pone a la empresa en un camino por el cual en 1901 se constituirá en sociedad anónima.

En 1926 el nacimiento de un nuevo producto, la *Stella Artois*, opera en la marcha de la firma un prodigioso salto adelante, a instancias del cual la producción de la fábrica de Lovaina llegará en 1959 al millón de hectolitros. En la actualidad, cincuenta años después de su lanzamiento, la *Stella* es la cerveza más consumida de Bélgica.

En 1980 el grupo creó una cerveza *light* (25 por ciento menos de calorías), cuyo lanzamiento en Europa intenta reproducir el éxito alcanzado por bebidas similares en los Estados Unidos.

Heineken

La empresa madre nació en 1592. Un cervecero de apellido d'Elberts deja una viuda, quien decide hacerse cargo del negocio. La mujer adquiere la cervecería De Hooiberg (El Almiar de heno), situada en pleno centro de Amsterdam, fábrica que al cabo de doscientos años habrá llegado a convertirse en la más importante de los Países Bajos. En 1864 la compra un joven industrial, Gerard Adriaan Heineken, en cuyas manos la firma entrará en la esfera de los grandes consorcios cerveceros.

En 1968 la Heineken absorbe a su más seria rival, la Amstel. Ambas fábricas, situadas sobre el mismo canal, distan menos de un kilómetro una de otra.

Dentro de la órbita de la Amstel, que por entonces se llamaba Pesters, Kooy & Co., la primera cuba estuvo lista en 1871. Sin embargo los resultados no estuvieron a la altura de las expectativas y hubo que esperar un año para que la primera cerveza de la fábrica fuese distribuida en las tabernas de Amsterdam.

En 1890 la fábrica cambia el nombre de sus fundadores por el de Fábrica de Cerveza Bávara de Amstel. En 1913 la producción ya alcanza los 367.000 hectolitros. Con posterioridad a la Segunda Guerra Mundial la firma se asocia con diversas empresas extranjeras: la Surinaamse Browerij en Surinam, la Jordan Brewery en Jordania, la Antillianse Browerij en Curaçao, la Almaza en Líbano, la Athenian Brewery en Grecia.

Tanto a estas asociaciones como a algunas otras, la Heineken aporta su experiencia y su poderío financiero. Desde hace unos años el grupo suele comprar elaboradoras populares, logrando penetrar así en nuevos mercados con una *lager* que ya es célebre en el mundo entero.

Spatenbräu

La historia de la firma cervecera Spaten sigue exactamente el ascenso de la ciudad de Munich. De 1622 a 1704 encontramos en los archivos municipales varias menciones de una familia Spatt, que dará su nombre a la empresa. Es en 1807 cuando un operario de la Cervecería Real de Munich, cierto Gabriel Sedlmayr, se hace propietario de la vieja fábrica de la Neuhauser Strasse. Al año siguiente dan comienzo ingentes trabajos de ampliación y en 1808 Sedlmayr compra una cava de almacenamiento para los meses estivales en Gasteig.

En 1817 el mismo empresario adquiere el actual Spatenkeller, situado en la Bayerstrasse. A su muerte, acaecida en 1839, Sedlmayr deja a sus dos hijos una empresa en plena expansión.

Joseph y Gabriel II deciden hacer de ella una auténtica cervecería industrial. No obstante, a pesar de la adquisición de un material ultramoderno para la época (refrigeración metálica, cubas a vapor) el éxito de la marca es tal que el establecimiento no puede hacer frente a la demanda. Por este motivo en 1851 se erige una nueva fábrica en una gran arteria de la capital bávara, la Marsstrasse. En 1873 Linde realiza allí los primeros ensayos con su máquina frigorífica y Pasteur no tarda en sumarse a las tareas.

En 1922 el grupo se fusiona con Franziskaner, la firma de Josef Sedlmayr, inventor de la célebre Marzenbier.

Hoy en día este enorme complejo industrial no produce menos de diez variedades de cerveza, tan diferentes entre sí como la *spatenpils*, la *weizbier*, la *marzenbier* o la *doppelspaten*.

Plzenske Pivovary

La tradición cervecera no es menos venerable en los países eslavos que en el resto de Europa. En Praga, por ejemplo, hay menciones de cerveceros de oficio desde una fecha tan temprana como 1082.

En Plzen, o Pilsen, villa feudal fundada sobre el «prado verde» (*pilzen*) de un castillo, se fabrica cerveza desde 1295 en conformidad con un derecho concedido a los burgueses. Derecho particular, no obstante, que no se vacila en poner en cuestión: en 1838, en la plaza del Ayuntamiento, se agujerean y dejan chorrear al sol 36 toneles de cerveza declarada imbebible.

En enero de 1839 los burgueses deciden abrir su propio establecimiento de braceado y malteado: la Cervecería Ciudadana de Pilsen. La empresa es moderna, financieramente bien apoyada, y está dotada de un enorme dinamismo comercial. Desde el principio provee a los tres mejores restaurantes de la ciudad; más tarde su cerveza se implanta en Viena (en 1856) y París (en 1859). De ese modo empieza la conquista del mundo.

Desde Lvov hasta Londres, el producto de la Cervecería Ciudadana de Pilsen se granjea una reputación sin igual. Pasa a integrar los hábitos de una sedienta clientela internacional y alimenta las más famosas estaciones termales frecuentadas por la Europa mundana.

Fiel a su espíritu fundacional, el consejo de administración –que en 1945 será destituido– adopta todas las innovaciones técnicas: muy pronto se introducen el gas de aclarado y una central eléctrica. Pero cuando en 1929 se considera la cuestión del reemplazo de los toneles de reposo por cisternas de cemento, la empresa opta por los viejos toneles, sabedora de que buena parte del bouquet de la *pilsen* se debe a la madera.

El 1 de junio de 1945 el Consejo Revolucionario de Praga crea un consorcio para la gestión de dos grandes productoras de *pilsen*: la Cervecería Ciudadana, que ya había absorbido a la Cervecería Social de la ciudad, y la fábrica Gambrinus, propietaria de la Cervecería Checa. La fusión de las dos grandes empresas locales se consuma en 1959.

Entre 1948 y 1959 se cristaliza un plan de restauración y modernización. A consecuencia de los cambios introducidos, gran parte de la producción se orienta a la cerveza embotellada en respuesta a las condiciones actuales de la exportación.

La *Pilsen Urquell*, cuya marca fue registrada en 1898, se bebe hoy en día en más de veinticinco países, desde Nueva Zelanda hasta Islandia.

Anheuser-Busch

Durante mucho tiempo el mercado americano estuvo dominado por los cerveceros locales; los consumidores, se pensaba, tendían siempre a beber una cerveza hecha en su región, y el nativo siempre conocía mejor los gustos de sus paisanos.

El genio de Busch consistió en no creerse esa historia e imponer un producto americano primero en Missouri, luego en Nueva York y por último en todo el territorio de los Estados Unidos.

Sin embargo su creación no se origina en un golpe maestro: Georg Schneider abre una fábrica de cerveza en San Luis en 1852, pero apenas cinco años después el fracaso lo obliga a vendérsela a Eberhard Anheuser, hombre de negocios de la ciudad.

En 1861 Adolphus Busch se une a la empresa al casarse con la hija del propietario. Cobija el sueño de crear una cerveza de consumo nacional, pero para ello es menester una enorme infraestructura. Primera decisión importante: monta una red de proveedoras de hielo que le permite vender la bebida lejos de su lugar de elaboración. Busch, en 1877, se convierte en la primera empresa dueña de una flota de vehículos refrigerantes.

Pero será sobre todo su muy americano genio publicitario el que impulse el éxito de la empresa: una diligencia llevará la cerveza hasta el tren , atravesando San Luis, y por el camino irá distribuyendo toda una serie de reproducciones que aún hoy vuelven a encontrarse en todos los bares de los Estados Unidos.

En lo referente a producción, Busch es el complejo cervecero más importante del mundo: él solo abastece al 32 por ciento del mercado americano. El establecimiento original, el de San Luis, es la mayor fábrica de cerveza del orbe: posee una capacidad de un millón

*Las antiguas y rutilantes cubas de la mayor
fábrica cervecera del mundo.*

y miedo de hectolitros anuales y se extiende sobre cuarenta hectáreas de terreno.

Su especialidad más afamada, la *budweiser* (lanzada en 1876), toma su nombre de la ciudad checa de Budvar, lugar de nacimiento de una célebre cerveza de tipo *pils* cuyo sabor llegaría a suplantar al de las variedades alemanas.

Spoetzel

El destino de Spoetzel es inverso al de Anheuser-Busch. Esta pequeña industria de Texas se enorgullece de haber conservado una escala humana.

Al igual que la ciudad de Shiner –«la más limpia de Texas»–, donde tiene su sede, la cervecería nació del empeño de un grupo de inmigrantes alemanes y checoslovacos. En 1901 varios colonos deciden asociarse para construir la Shiner Brewery. Desafortunadamente, aquellos aficionados no eran muy diestros en el arte de la elaboración, y con mucha frecuencia su cerveza se agriaba.

La fábrica tejana en 1922: a los vaqueros les encantaba la cerveza.

En 1914, tras dos fracasos consecutivos, los propietarios deciden alquilar el «negocio» a un individuo de experiencia, Kosmas Spoetzel, un bávaro que había ejercido su oficio primero en Egipto y luego en Canadá. El establecimiento vuelve a empezar desde cero con la firme intención de salir adelante. Pero parece que no hay límites para su mala suerte: ¡tres años después sobreviene la prohibición!

En 1922 Spoetzel viaja a Alemania y convence a su hija Cecelie de que se instale en Shiner. Cecelie, que reemplazará a su padre cuando éste muera, será la única mujer de Estados Unidos que se encuentre a la cabeza de una fábrica cervecera.

Posteriormente la industria fue vendida a un danés llamado William Bigler. La firma, a fin de expandirse, eligió modificar su método de elaboración y producir cervezas más convencionales, para las cuales el lúpulo natural se reemplaza por un extracto. De este modo el estilo *light* americano comenzaba a reemplazar a la vieja cerveza de densidad próxima a las variedades alemanas. ¡Una pena!

Carlsberg

En 1801 Christen Jacobsen se marcha de su Jutlandia natal para probar suerte en Copenhague, donde ha comprado una elaboradora

La celebérrima «Puerta de los Elefantes», no menos famosa que la Sirenilla de Copenhague, igualmente ofrecida a la ciudad por la fundación Carlsberg.

de cerveza situada en la Knabrostraede. Veinticinco años más tarde, en el nuevo establecimiento que acaba de adquirir en la Brolaeggerstraede, se erige en uno de los primeros cerveceros que haya utilizado termómetro para medir la temperatura en la cuba de braceado, temperatura que hasta entonces se calculaba... ¡con la mano!

Cuando en 1835 muere su padre, J.C. Jacobsen, de veinticuatro años de edad, queda en posesión de ciertos conocimientos técnicos y, sobre todo, de una fábrica. Apasionado de la ciencia, emprende numerosos viajes para profundizar su pericia. Se familiariza con la técnica de fermentación baja y hace el intento de reproducirla en la cuba materna de la colada. En 1945 regresa a Munich para escuchar los consejos de su viejo maestro Gabriel Sedlmayr, de la firma Zum Spaten, y recoge unas cuantas muestras de levadura baja que habrán de permitirle fabricar cerveza «a la bávara». El 10 de noviembre de 1847 se distribuye en la capital danesa la primera partida de Carlsberg.

A la muerte de su madre, Jacobsen —que por entonces ha cumplido treinta y cuatro años— se encuentra en posesión de una pequeña fortuna. Decide ampliar su fábrica y se traslada a un suburbio de Copenhague llamado Valby, donde en 1847 para honrar el nombre de su hijo Carl, funda la productora de cerveza Carlsberg. Durante el primer año de actividad se fabrican 3500 hectolitros, cantidad que hoy en día representa tan sólo... diez horas de trabajo.

Cuando J.C. Jacobsen muere en 1887, el establecimiento ya es una magnífica empresa. Le sucede su hijo Carl, quien por lo demás también ha viajado mucho. Cada uno de los países que ha conocido no ha hecho sino aumentar su pasión por el arte. Crea entonces una Fundación Carlsberg y... decide decorar él mismo su fábrica: es a él a quien se debe la extraordinaria Puerta de los Elefantes que adorna la entrada. La ciudad de Copenhague abunda en esculturas ofrecidas por Carl Jacobsen, la más célebre de las cuales es la sirenita que señala la entrada al puerto.

En 1914, a la muerte de Carl, la empresa ya formaba parte del patrimonio nacional danés. Hace muy poco se fusionó con Tuborg, el otro gigante cervecero del país.

Molson

Un día de mayo de 1782 John Molson, descendiente de una antigua familia de Lincolnshire, Inglaterra, se embarca rumbo a

América del Norte con un grupo de amigos. Una vez llegado a Montreal, aprovecha una herencia para comprar parte de las acciones de la pequeña fabrica de cerveza fundada por uno de sus amigos. En 1786 se convierte en propietario único de la firma y, transcurrido el verano, prepara sus primeros treinta celemines. El 13 de diciembre escribe a su abogado: «La empresa comienza a rendir sus primeros frutos, bajo la forma de una *ale* y una cerveza de consumo diario de buena calidad. Puede usted decirle a mi amigo que mi bebida se vende con rapidez. Nos piden un cincuenta por ciento más de lo que podemos producir. No tendremos más remedio que ampliar las instalaciones, cuya capacidad actual es de sólo cuatro toneles por semana.»

En tres años John Molson, *gentleman* de Lincolnshire, se ha convertido en John Molson, cervecero «ordinario» del Canadá. Esto no significa que sea un cervecero cualquiera, sino que ha aprendido su oficio en el propio taller y no por la observación o el estudio, como todo maestro de la profesión.

Molson es un *dilettante* que en todo tiene éxito. Poco antes de 1800 asocia su nombre a una explotación agrícola, una empresa maderera, una fundición y una tonelería. Desafiando la incredulidad de sus contemporáneos, decide crear una compañía marítima encargada de unir Montreal con Quebec; el primer navío zarpa de Montreal a comienzos de noviembre de 1809. Veinte años más tarde Molson posee una de las mayores compañías marítimas de vapor del mundo y domina la navegación sobre el gran río por un espacio de tres décadas.

Cuando en 1836 muere John Molson, su hijo John ocupa la cabeza de la firma y la diversificación de la Molson Limitée continúa a paso sostenido: banco, destilería, etc. La fuerza de la familia descansa en el aprendizaje «sobre el terreno». El más notable del linaje será John Henry, nieto del fundador. Después de su muerte, ocurrida en 1897, su nombre figurará durante muchas décadas en las etiquetas de la casa.

A partir de 1907, para responder a la demanda, la empresa crea cervezas más ligeras; el éxito es tal que en dos años las ventas se duplican. A comienzos de la década de los 20, pese a la prohibición, se hace preciso volver a ampliar las instalaciones y después de la Segunda Guerra Mundial la empresa, a fin de conservar su mercado, poco a poco empieza a comprar pequeñas firmas rivales.

CONTENIDO ALCOHÓLICO DE LAS PRINCIPALES CERVEZAS

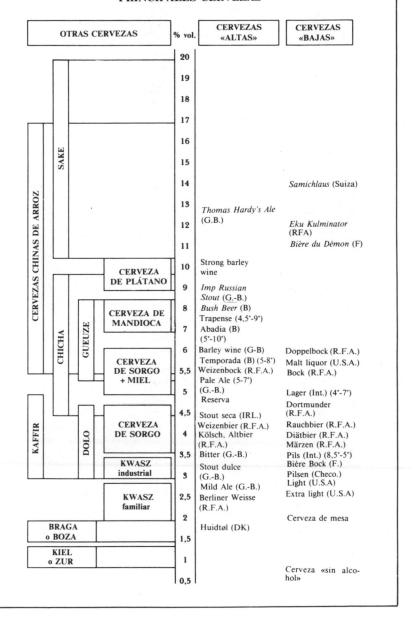

OTRAS CERVEZAS	% vol.	CERVEZAS «ALTAS»	CERVEZAS «BAJAS»
	20		
	19		
	18		
	17		
SAKE	16		
	15		
	14		Samichlaus (Suiza)
CERVEZAS CHINAS DE ARROZ	13	Thomas Hardy's Ale (G.B.)	
	12		Eku Kulminator (RFA)
	11		Bière du Démon (F)
CERVEZA DE PLÁTANO	10	Strong barley wine	
	9	Imp Russian Stout (G.-B.)	
CERVEZA DE MANDIOCA	8	Bush Beer (B) Trapense (4,5°-9°)	
	7	Abadia (B) (5°-10°)	
CERVEZA DE SORGO + MIEL	6	Barley wine (G-B)	Doppelbock (R.F.A.)
	5,5	Temporada (B) (5-8°) Weizenbock (R.F.A.) Pale Ale (5-7°)	Malt liquor (U.S.A.) Bock (R.F.A.)
	5	(G.-B.) Reserva	Lager (Int.) (4°-7°) Dortmunder (R.F.A.)
CERVEZA DE SORGO	4,5	Stout seca (IRL.)	
	4	Weizenbier (R.F.A.) Kölsch, Altbier (R.F.A.)	Rauchbier (R.F.A.) Diätbier (R.F.A.) Märzen (R.F.A.)
KWASZ industrial	3,5	Bitter (G.-B.)	Pils (Int.) (8,5°-5°) Bière Bock (F.)
	3	Stout dulce (G.-B.) Mild Ale (G.-B.)	Pilsen (Checo.) Light (U.S.A)
KWASZ familiar	2,5	Berliner Weisse (R.F.A.)	Extra light (U.S.A)
	2		Cerveza de mesa
BRAGA o BOZA	1,5	Huidtøl (DK)	
KIEL o ZUR	1		
	0,5		Cerveza «sin alcohol»

Otras cervezas (columna izquierda): CERVEZAS CHINAS DE ARROZ, SAKE, CHICHA, GUEUZE, KAFFIR, DOLO

Viaje al país de las grandes cervezas

De las cervezas «trapenses» a las cervezas francesas añejadas, de las cervezas espontáneas a las *stouts*, de las cervezas de estación a las *bocks*, las variedades occidentales de la bebida que nos ocupa son innumerables. A tal punto es así, que hay cerveceros a veces incapaces de reconocer a sus hijas... Guiándonos tan sólo por nuesto coraje −y nuestra pasión−, nosotros hemos realizado un inventario lo más preciso posible de las grandes familias de la cerveza, clasificándolas según los tres tipos de fermentación. Si hemos omitido algunas especialidades, este crimen de lesa cerveza tiene una sola explicación: la copa estaba llena. ¡Y, pueden ustedes creernos, no era poca la bebida que la colmaba!

Las cervezas de fermentación alta

La cerveza de tradición: la «ale» británica

La palabra inglesa *ale* proviene del danés *öl* u *oel*, que hasta el siglo quince servía para designar toda bebida braceada con agua pura a base de una malta de cebada ligerámente tostada y perfumada al romero. El término entra en la composición de todos los nombres de fiestas donde se consume cerveza: *church-ale* (fiesta de la parroquia), *bride-ale* (boda), *lamb-ale* (esquila de las ovejas), etc.

Hasta el siglo XVII la *ale*, bebida clánica por excelencia, signa todos los acontecimientos sociales, aportando además las virtudes mágicas del romero para aventar a los malos espíritus.

A ello se debe que, al introducirse en Inglaterra la cerveza lupulizada de origen flamenco, el nuevo producto se encuentre con una viva resistencia. Habrá que esperar a las mutaciones sociales causadas por la industrialización para que se produzca la decadencia de la *ale* tradicional. Pero tan arraigados están los hábitos que esta cerveza de nuevo perfume tendrá que adoptar el nombre de *ale* para recabar todos los sufragios.

En la actualidad existen siete clases de *ales*, que pueden reagruparse en tres categorías: las *pale ales* (pálidas), las *mild ales* (suaves) y las *strong ales* (fuertes).

Las *pale ales* son cervezas de color claro, a base de malta pálida, muy lupulizadas y más bien secas: existen las *Indian pale ales* (IPA), finas, poco azucaradas y sumamente lupulizadas, que se venden en botellas y poseen una graduación del 5 al 5,5 por ciento de alcohol; las *bitter ales* (amargas), que saben y huelen marcadamente a malta, despachadas a presión y de una graduación alcohólica de entre el 3,5 y el 4 por ciento; y finalmente las *light ales* (ligeras), versión escasamente alcohólica de las *bitter*, muy espumosas y refrescantes, expendidas en botella.

Las *mild ales* son cervezas cobrizas, endulzadas por un añadido de azúcar, y de escaso contenido alcohólico (del 3 al 3,5 por ciento). Se venden casi exclusivamente a presión, y su variedad embotellada recibe el nombre de *brown ale*.

Las *strong ales* son cervezas cuyo volumen alcohólico oscila entre el 5,5 y el 6 por ciento. Por encima de ellas, ya se habla de *barley wine* (vino de cebada).

Las grandes «pale»

Las «pale ales»

– *Bass Pale Ale.* Es la gran cerveza de la firma Bass, de Burton-on-Trent. Dorada, su sabor rico y matizado hace de ella el prototipo de la *pale*. Sin duda la más famosa del mundo.

– *Indian Pale Ale.* También elaborada por Bass-Charrington, es la que originó la fortuna de los cerveceros de Burton. Cerveza ligera, afrutada, amarga y alcohólica. La más representativa del género, sin duda alguna.

– *Worthington E.* Esta *pale ale* de color dorado es sumamente afrutada, relativamente pálida, y seca. Posee un sabor de marcada amargura. Elaborada asimismo por la empresa Bass, resulta aconsejable para el neófito que desee adentrarse en el mundo de las *ales.*

– *Old Original Ale.* Representante del tipo Burton de alta calidad, es un producto de la firma Everards. Dorada, ligeramente turbia, su espuma es muy leve. De aroma muy agradable, finamente lupulizado. Cerveza delicada aunque harto fuerte, bien equilibrada, resulta a un tiempo dulce, amarga y rotunda.

– *Bulldog Pale Ale.* Fuerte y aguzada, ligeramente ácida. En nuestra opinión la mejor cerveza del grupo Courage, pese a que la más conocida es la *Strong Pale Ale,* ambarina, muy lupulizada, amarga y no obstante afrutada.

Las «bitter ales»

Las *bitter ales* acaparan alrededor del 80 por ciento del consumo de cerveza en los pubs ingleses. En los orígenes cada pueblo poseía su propia variedad de *bitter*, cerveza que de este modo era un símbolo de identidad comunitaria. Antes que habitante de Liverpool, de Blackburn o de Dorcaster, se era bebedor de Tetley, de Peel o de Thorne.

La guerra de los pubs

Cualquiera que se haya llegado hasta Inglaterra por un fin de semana, no habrá dejado de advertir que cada pub es en realidad una suerte de escaparate de una determinada fábrica de cerveza. Para explotar tan enorme mercado se han puesto en juego dos estrategias comerciales opuestas. Una de ellas es la del grupo Whitbread, que a cada una de sus diecisiete empresas ha otorgado relativa autonomía para desarrollar sus bitters locales. La otra es la de Watney Mann, que una tras otra ha absorbido pequeñas fábricas locales para imponer sus propios productos en los circuitos de pubs que controla. En la lucha del «paraguas» Whitbread contra la disciplina de Watney Mann, los años han acabado por dar razón al primero, y el segundo ha tenido que hacer marcha atrás.

En la actualidad el continuador de esa tradición es el pub. Cada persona acude al pub que sirve «su» *bitter*. Sin duda, en todos los establecimientos se encuentra la Guinness y la Bass, pero cada uno expende además su especialidad regional.

Para acceder a la verdadera calidad de las *bitter* inglesas, pues, se vuelve imperativo realizar un viaje por las Islas Británicas. Cada región tiene una *bitter*, que en ocasiones carece incluso de nombre preciso; se habla de la *bitter* de Liverpool, la de Sheffield o la de Lancaster.

– *Boddington*. Establecida en Manchester desde 1887, esta pequeña elaboradora familiar sólo distribuye su cerveza en un radio muy local. No obstante ofrece una *bitter* notable, seca y ligera, muy popular.

– *Thorne Best Bitter*. Esta excelente *bitter* muy lupulizada es un producto de la fábrica Darley, de Doncaster, en el norte de Inglaterra.

– *Ruddle Bitter*. La fábrica, adquirida en 1911 por George Ruddle, traspasó su circuito de 37 pubs, y su cerveza sólo se vende al detalle. Es muy fácil de encontrar en la región de Langham, en la llamada Ruthland, al norte de Inglaterra.

– *Badger*. Se trata de una *bitter* muy popular en Dorset. Fácil de reconocer por el tejón (*badger*), símbolo comercial de la fábrica Hall & Woodhouse, dibujado en la etiqueta.

– *Best Bitter de Shepherd Neame*. Prototipo de la *bitter* bien lupulizada. Nada extraño, por lo demás, viniendo de una elaboradora implantada en el centro de la mayor comarca inglesa del lúpulo, Kent. La divisa de Shepherd es: «Sólo empleamos maltas y lúpulo».

– *Tisbury Local Bitter*. Este producto de una pequeña «cervecería» independiente de Tisbury (Wiltshire) se preocupa por respetar la elaboración tradicional. Su *bitter* clara y bien lupulizada es algo digno de ser probado.

– *6 X*. Una de las extraordinarias cervezas inglesas de presión. Elaborada por la excelente fábrica de Devizes en Wiltshire, Wadworth, es una sobresaliente *bitter* bien malteada. Si se trata de beber una *bitter*, ésta a buen seguro no decepcionará.

– *Young's Bitter*. Otra *bitter* de gran calidad. La fábrica, instalada en la confluencia del Támesis con el Wandle, ha sido por mucho tiempo seguidora de la tradición cervecera. Lamentablemente desde no hace mucho se orienta hacia una producción más abundante, en detrimento de la calidad. Todavía es una *bitter* agradable, sí, pero ¿por cuánto tiempo?

– *S.A.* Muy popular en la región de Cardiff, en el sur de Gales, la cerveza de la importantísima empresa Brain es una *bitter* fuerte y muy lupulizada. La llaman «la cerveza del rugby»...

Las «mild ales»

«Mild Ales»

Aquél que desee conocer el verdadero sabor de las *mild* también ha de llegarse hasta Gran Bretaña para hacer un viaje a las fuentes. Quien sólo quiera tener una simple idea, no obstante, puede empezar por beber una *brown ale*, que es la versión embotellada de la *mild*.

– *Ansells*. Producida por Allied Breweries, es una cerveza negra muy apreciada en la región de Birmingham. La otra *mild* fabricada por Allied, la Tetley, ambarina, es superior en nuestra opinión.

– *Heavy*. Otra cerveza del grupo Courage. *Mild* oscura, su sabor de cebada torrefacta se ve compensado por la adición de azúcar. Cerveza muy notable, desafortunadamente reservada al sur de Inglaterra.

– *Ligth Mild*. Muy buena *mild* de sabor sumamente refinado. Elaborada por Burtonwood en su fábrica situada entre las ciudades de Warrington y St. Helens, cerca de Liverpool.

– *Darley Light Mild*. Harto semejante al otro crédito de esta fábrica de Doncaster, la Thorne Best Bitter; muy lupulizada pero menos alcohólica.

– *Old Peculier*. *Ale* levemente azucarada, oscura, particularmente fuerte y pesada. Esta notable cerveza es fabricada por Theakston en la ciudad de Carlisle.

– *Macardle*. Es una *Ale* irlandesa braceada a partir de una malta pálida, a la cual se le añaden malta torrefacta y copos de maíz. De un rojizo claro y con espuma ligera, seca, posee un pronunciado sabor a maíz.

– *Whitbread Pale Ale*. Pese a su nombre se trata sin duda de una *mild*, cobriza y cristalina, de aroma consistente y un poco vinoso. Seca y bien lupulizada, es sin embargo de un tipo más bien standard.

– *Traditional Lorimer's*. Excelente *ale* escocesa, ambarina, cristalina y casi uniforme. Poderoso aroma de malta ambarina, sabor levemente ahumado, delicado y fuerte. Pronunciadamente amarga. Muy equilibrada.

– *Scottish Ale*. Elaborada por Belhaven en Dunbar (Escocia). Ambarina, cristalina, posee un agradable perfume dulce y lupulizado. Delicada, amarga y un poco áspera.

– *Best Mild Ale*. La fábrica cervecera de Frederic Robinson, que siempre ha avanzado con notable prudencia, no es de las que de un día para otro pueda interrumpir sus hábitos. Aprovisiona su mercado local, cercano a Manchester, con una buena *mild* levemente coloreada, a la cual una pizca de lúpulo confiere un franco amargor.

– *Banks' y Hanson*. Son las dos grandes *milds* clásicas de la región de Birmingham. Elaboradas por el mismo grupo –Banks' en Wolverhampton y Hanson en Dudley– se comercializan de modo independiente para responder a las exigencias de los consumidores locales.

– *Real Best Mild*. Esta cerveza fabricada por Thwaites en Blackburn (Lancashire) lleva con toda dignidad su pomposo nombre («la cerveza auténticamente mejor»). *Mild ale* notable, hay que evitar perdérsela. Para hacerse una idea, probar la Danny Brown, su versión embotellada.

«Brown ales»

– *Newcastle Brown Ale.* La cerveza más célebre del grupo anglo-escocés Scottish & Newcastle. Muy original, se distingue por su color de ámbar y su transparencia. Es seca y exhala un excelente aroma de malta acaramelada. Muy aconsejable.

– *Double Maxim.* Rival directa de la precedente. Típica *brown ale* del norte de Inglaterra. Elaborada por Vaux, una pequeña empresa dinámica que ha podido darse el lujo de asociarse con empresas belgas y americanas de talla modesta.

Las «strong ales»

– *Thomas Hardy.* La cerveza más fuerte de Inglaterra, no filtrada. Producida por primera vez en 1968 para festejar el centenario del escritor Thomas Hardy, que alabara la calidad de las *ale* de Dorchester. Cada botella sale a la venta fechada y numerada. Su elevado porcentaje de alcohol le asegura una conservación de veinticinco años. ¡La cita es en 1993!

– *Pope's «1880».* Fabricada por Eldridge Pope, que ya había lanzado la Thomas Hardy, la Pope's es cobriza, cristalina y poco espumosa. Aroma embriagador, picante y lupulizado. Sabor dulce y delicado. Buena cerveza, fuerte pero lograda.

– *Prize Old Ale.* Esta *real ale,* madurada en cascos de madera pero acondicionada en botellas con tapones de corcho, es en realidad un *barley wine* sin filtrar. Color caoba, aroma pleno y delicado (con un matiz de madera), sabor picante. Muy famosa al otro lado de la Mancha, a los franceses nos parece un tanto «medicinal».

Las «Real ales»

Las tres categorías de pale ale, mild ale *y* strong ale, *si bien necesariamente arbitrarias, permiten clasificar las cervezas tradicionales. Tal clasificación es mucho más difícil en el caso de las cervezas industriales; numerosas grandes fabricantes se sirven de «denominaciones de origen» para designar productos que a menudo nada tienen que ver con las* ales *originales.*

A fin de defender sus tradiciones, muchas asociaciones británicas de consumidores procuran valorizar las verdaderas elaboradoras de cerveza, las que fabrican auténticas ales. *La más célebre de éstas, la* Camra, *define del modo siguiente los criterios cualitativos y técnicos que hacen a una* real ale.

Una real ale *es una cerveza que se deja trabajar hasta el final. Al contrario que las cervezas industriales −refrigeradas, filtradas y pasteurizadas− las* real ales *son sujeto de una maduración continua, favorecida por el añadido de azúcar y de lúpulo fresco. El elaborador permite que se saturen naturalmente en gas carbónico, gas que permitirá servirlas a presión en la misma pinta. Estamos, pues, muy lejos de las cervezas «muertas», envasadas en tonelillos metálicos presurizados y provistos de un cartucho de gas carbónico exterior.*

Existen, no obstante, algunas real ales *embotelladas: tal es el caso de la Thomas Hardy y el de la Gale's Prize Old Ale, ambas fuertes y destinadas a larga conservación.*

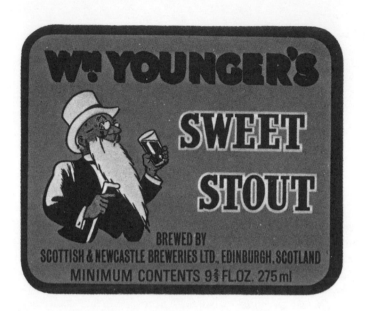

El pan bebedizo de los irlandeses: la «Stout»

Decir que la *stout* es la bebida nacional irlandesa, es decir muy poco. En realidad esta bebida define por sí sola una forma de ser: su consumo es uno de los pivotes de la vida irlandesa, en el seno de la cual cristaliza la necesidad de compañía. ¿Quien no conoce, al menos de oídas, esos pubs de Dublín donde la *stout* se bebe al compás de la música *folk,* donde la cerveza atrae a los músicos y éstos a los bebedores? El número de pubs de la ciudad es harto significativo: ¡uno por cada cincuenta habitantes!

Desafortunadamente, el pub no sólo es el lugar donde la gente se reúne para cantarle a Irlanda. Para los más pobres, vaciar una pinta de *stout* equivale a menudo a tomarse una cena entera. Para ellos la cerveza negra, más que un lujo, sigue siendo el alimento que suple la comida faltante.

Hasta el siglo XIX, la *stout* se llamó *stout porter.* Fabricada por primera vez en Londres por Ralph Harwood en 1722, la *porter* se creó para responder a la demanda de una cerveza fuerte y reconstituyente: su nombre («porteador») proviene, pues, del uso que de ella hacían los estibadores y los cargadores de los mercados londinenses.

La *entire porter*, con ese nombre genérico que la diferencia de las cervezas cortadas, mantuvo durante todo el siglo XIX su rango de cerveza más popular tanto en Irlanda como en Inglaterra, hasta que un impuesto sobre la densidad de la cerveza provocó un forzoso retorno a la *ale*, más dulce y más ligera. Desaparecida la *porter*, el renovado auge de la *ale* entrañaría la creación de una cerveza aún más fuerte que aquélla: la *stout*.

La *stout* es una cerveza de fermentación alta, braceada a partir de cebada no malteada sino torrefacta. Es esta fuerte torrefacción la que le otorga su color negro y su sabor mitad regaliz, mitad caramelo, al cual se suma el amargor del lúpulo.

Menos densa y más seca la irlandesa que la británica, existen entre las diversas *stouts* marcadas diferencias.

Las grandes «stouts»

– *Stout Guinness.* Consumida en Irlanda en un 80 por ciento en variedad de presión, apenas contiene un 4 por ciento de alcohol contra el 5,5 de la *stout* de exportación. Color de ébano, espuma cremosa y estable, notable equilibrio entre los sabores de caramelo quemado y de regaliz, buen amargor.

– *Draught Guinness.* (Irlanda). Esta *stout* de presión, sin pasteurizar, es de bajo contenido alcohólico: es la más sabrosa de las Guinness. Cuanto más cerca se halla uno de St James' Gate, mejor es la calidad del producto: la mejor pinta se disfruta en el establecimiento de John Mulligan, Poolberg Street, 8, o en la misma fábrica.

– *Extra Stout.* Anglo-irlandesa no pasteurizada. Calidad cercana a la de Draught Guinness.

– *Draught Guinness* (Gran Bretaña). Lamentablemente, pasteurizada. Para saborear la verdadera Guinness es menester beberse una pinta en Irlanda.

– *Beamish Stout.* La más dulce y afrutada de las *stouts* irlandesas es un producto de la célebre fábrica de Cork fundada en 1792, la mayor del país antes del triunfo de la Guinness. Beamish, cuyo mercado continúa siendo muy local, fue comprada en 1962 por la Canadian Carling O'Keefe.

– *Stout Premium Murphy*. Tercera gran *stout* irlandesa; la más consistente, densa y amarga. Igualmente notable. Elaborada por Murphy, empresa fundada en 1856 en Cork y adquirida en 1981 por Heineken.

– *Mackeson*. La más renombrada de las *stouts* inglesas, preparada en sus orígenes para el ejército británico durante las guerras napoleónicas. Se trata de una cerveza muy negra de espuma compacta, espesa y cremosa, y de aroma un tanto ácido y muy malteado. Sabor dulce, algo láctico y levemente acaramelado. Bouquet muy agradable. Es la más representativa de las *stouts* dulces, ligeramente ácidas y carentes de toda pesadez.

– *Imperial Russian Stout. Stout* castaño-oscura, de espuma fina, muy filtrada. Aroma fuerte y espirituoso. Sabor seco, fuertemente caramelizado. Su amargor es importante, pero notablemente atenuado por el fuerte contenido alcohólco. Buena cerveza, pero en exceso sobreestimada. Muy alcohólica y muy amarga, carece de delicadeza. Fabricada en un principio por el grupo Barclay & Perkins, pertenece ahora a la firma Còurage.

– *Tennent's*. Excelente *stout* escocesa elaborada en Glasgow por Tennent's Caledonian. Muy negra, su espuma es abundante y castaña. De perfume ahumado, de amargo sabor a regaliz, esta excelente cerveza es rica y no obstante muy suave. A tener muy en cuenta.

¿Cervezas trapenses o cervezas de abadía? *thriving.*

Bélgica, país de grandes cervezas, ha conservado la antigua tradición de las cervezas elaboradas por monjes. Desde los tiempos de la Edad Media dos órdenes monásticas conocen una intensa actividad cervecera: los benedictinos y los cistercienses. Con posterioridad a la Revolución Francesa únicamente los trapenses, monjes de estricta observancia de las reglas del Císter, han seguido practicando esta actividad en Bélgica y Holanda.

Dado que la excelente reputación de sus cervezas dio nacimiento a una abundante gama de imitaciones, los monjes se vieron obligados a protegerse. Un fallo librado en Gante el 28 de febrero de 1962 fija las reglas de la denominación *trapense*:

«Considerando que... la palabra *trapense* («*trappiste*», en francés) se utiliza de modo corriente para designar una cerveza elaborada y vendida por religiosos pertenecientes a la orden homónima o por personas que a tal efecto hayan obtenido la autorización de dicha orden... Que no se trata de una denominación genérica, pues las cervezas trapenses producidas por las órdenes de trapenses son de diversas variedades...

«Se denomina por lo tanto *trapense* la cerveza fabricada por monjes cistercienses y no la cerveza de estilo trapense, que será mejor denominada *cerveza de abadía*.»

Las trapenses

Técnicamente, las trapenses –o *trappistes*– son cervezas de fermentación alta braceadas con agua obtenida en el lugar de elaboración y no tratada. Los monjes utilizan un 95 por ciento de malta ambarina con fuerte contenido de ázoe –de la cual depende el *bouquet* de la cerveza–, y un 5 por ciento de malta acaramelada o torrefacta que da consistencia al gusto y refuerza el color. La bebida se lupuliza fuertemente con variedades de primera clase, y el hecho de que el mosto se caliente en calderas de fuego directo le otorga un aroma de lo más particular. La fermentación dura de cinco a siete días y el gas carbónico no se recupera, lo cual constituye una característica principal de la fabricación.

En el momento de pasar a las botellas, la cerveza –límpida,

filtrada, oxigenada y refrescada– contiene aún cierto porcentaje de azúcar. El fabricante inyecta en cada botella una dosis de levadura fresca: de este modo la bebida continuará su fermentación, adquirirá un bouquet definitivo y se saturará naturalmente de gas carbónico. No será comercializada sino tras un importante tiempo de reposo en cámara climatizada (de dos semanas a dos meses).

Las trapenses, pues, son cervezas oscuras, harto fuertes, obligatoriamente expendidas en botella, muy nutritivas. Pueden llevar cierto poso a causa del residuo de levaduras, lo cual hace necesario conservar las botellas en pie de una a dos semanas y servir la bebida con mucha suavidad: los verdaderos aficionados beberán aparte ese fondo de levadura, disuelto en un poquitín de cerveza.

– Chimay La abadía de Notre-Dame-de-Scourmont, situada a unos kilómetros de Chimay, fue creada en 1850 por monjes trapenses llegados de Saint-Sixtus de Westvleteren. Desde finales de la II Guerra Mundial vende su producción, voluntariamente limitada, en pequeñas botellas marcadas con la flor de lis, cuyas cajas llevan desde hace un tiempo la fecha de origen.

Las tres Chimay, que utilizan el agua de la meseta de Scourmont, son magníficas cervezas.

– Chimay azul (8º). Color rubí oscuro, aroma rico, sabor delicado. Cerveza muy bien equilibrada.

– Chimay blanca (7º). Dorada, bouquet afrutado, buen amargor, astringente.

– Chimay roja. (6,2º) Cerveza ambarina, de espuma abundante, aroma rico y poderoso, sabor consistente, asombrosa gama de matices especiados.

– Orval. En 1931, para aligerar la pesada carga de los trabajos de restauración de su abadía, los monjes tuvieron la idea de instalar en ella una fábrica de cerveza, que hoy en día produce de 20 a 25.000 hectolitros anuales. Esta fábrica emplea el agua de una fuente milenaria, el manantial Mathilde, que fluye dentro del recinto del monasterio y a la cual, a fin de caramelizar la cerveza, los monjes añaden azúcar en el momento de la ebullición.

Orval sólo elabora una cerveza, pero ¡qué cerveza! De color albaricoque oscuro, ligeramente velada, su espuma es de lo más vibrante. El aroma es poderoso y especiado, acusado el amargor. Gran cerveza.

Cada etiqueta menciona el mes y el día de embotellamiento. A consumirse a una temperatura de 12 ó 13º C.

– Rochefort. Por ser esta abadía esencialmente un lugar de recogimiento, no se admite la entrada de visitantes. El horario de elaboración está supeditado a los hábitos monásticos. La víspera del braceado ya se ha procedido a triturar la malta. Puesto que la liturgia se celebra a las 7 de la mañana, el braceado comienza, a las 10,30. Durante el ascenso de la temperatura y las pausas, el monje puede leer y orar en el mismo lugar de trabajo, tal como autoriza la regla de San Benito. A mediodía el mosto es filtrado, centrifugado en caliente y luego puesto a enfriar, para ser conducido a la fermentación hacia las 5 de la tarde. La fermentación, que empieza al atardecer, apenas dura unos días. La producción de la abadía es de unos 200 hectolitros por semana. Las variedades son las siguientes:

– Rochefort 6º. Color de pan de centeno, espuma leve y fina, aroma muy lupulizado, característica elegancia.

– Rochefort 10º. Color leonado, embriagadora pero suave, picante y un poco pimentada. Sabor bien fundido para una cerveza tan fuerte. Estupenda cerveza.

Ambas variedades deben conservarse y servirse a una temperatura de 15 ó 16ºC.

– *Westmalle.* La fábrica de Notre-Dame du Sacré-Coeur, situada en Malle, al noreste de Anvers, vendía levadura desde el año 1836, pero no fue sino a partir de 1872 cuando comenzó a expender sus bebidas a particulares, y ello en botellas que en lugar de llevar etiqueta están grabadas.

– Trippel. Dorada, clara, tiene un gusto pleno y un fuerte sabor alcohólico.

– Dubbel. Color caoba, muy suave, un poco regalizada, de fino amargor, es una excelente cerveza, notablemente equilibrada. La preferimos a la Trippel.

– *Saint Sixtus.* En 1838 la abadía de Westvleteren compra una antigua elaboradora de cerveza, que procede de reinstalar dentro de sus muros. En 1964, al no encontrar más trabajadores toneleros, y con el deseo de procurar un control sanitario más estricto, los monjes reemplazan progresivamente las cubas y barriles de madera por recipientes de acero inoxidable.

La producción, reservada a los monjes y los visitantes, es mínima: en 1982 se vendieron 3350 hectolitros. Únicamente el albergue, situado enfrente del monasterio, y el colmado, desplazado a la entrada de la abadía para no perturbar el recogimiento de los monjes, venden esas tres notables cervezas que son la Special, la Extra y la Abt de Saint-Sixtus.

Existen asimismo algunas cervezas etiquetadas y comercializadas con el nombre de Trappisten Saint-Sixtus. Son productos de la fábrica de Saint-Bernard (el santo patrono de Watou), merced a un acuerdo establecido por los padres trapenses con Evariste Deconinck, cervecero de Watou, que permite a éste utilizar el procedimiento de la abadía y beneficiarse de su fama. La mejor de las cervezas de Deconinck es sin duda la Prior 8º, de color castaño rojizo y aroma ligeramente ahumado. Ostenta una leve acritud, pero de todos modos es una cerveza armoniosa, de gusto muy franco, óptima para hacerse una idea de la fabricada por los padres de Saint-Sixtus.

La cerveza de abadía («bières d'abbayes»)

Dado que la designación *cervezas de abadía* siempre ha sido sinónimo de calidad, numerosas fábricas se han servido de ella. Lo cierto es que ninguna de estas cervezas es elaborada actualmente por monjes. Con mucha frecuencia el término *abadía* –indicativo a veces de que la bebida ha sido elaborada a la manera de los padres–, sólo se sustenta en el hecho de que uno de tales recintos se encuentra en las proximidades, o de que la etiqueta lleva un monje dibujado.

Por lo demás, muchas de estas cervezas son excelentes. A menudo refermentadas en las botellas, poseen una fuerte densidad y exhiben grandes diferencias.

– *Cardinal Trippel.* Fabricada por Het Anker en Malinas. Excelente cerveza espirituosa, de un rojo anaranjado, aroma vinoso y sabor dulce y delicado.

– *Floreffe Trippel Blonde.* También elaborada por Het Anker. Refermentada en botella, dorada. Amargor pronunciado en virtud de una fuerte lupulización, aroma de malta acaramelada. Alto contenido alcohólico (6,6 por ciento), pero escaso carácter auténtico.

– *Schaapskooi.* Única trapense elaborada en los Países Bajos, muy cerca de la frontera belga. Si al principio la gestión comercial de la fábrica había sido confiada a Artois, ahora es el grupo holandés Skol el que se ha hecho cargo de la dirección.

Este gran crudo posee las mismas características que las trapenses belgas. Aunque ostente menor riqueza, no deja de ser una bebida excepcional. Color rubí oscuro, ligeramente velado por las levaduras de la refermentación, espuma muy fina y muy vivaz. Aroma poderoso, especiado y herbáceo, sabor consistente con un regusto a regaliz. Ligera acritud final y buen gusto de levadura. Cerveza muy saturada, densa, aromática.

– *Grimbergen.* Buena cerveza fabricada por Maes en Waarloos. Ambarina, muy lupulizada. Sabor de caramelo quemado debido a la presencia de azúcar cande, que le otorga su sabor suave.

– *Leffe Radieuse.* La mejor cerveza de la fábrica Saint-Guilbert (Brabante), totalmente filtrada. Perfume acaramelado, color ladrillo, sabor potente y un poco pimentado.

– *Leffe Dorée.* Sabor dulce y ligeramente picante. Le falta carácter.

– *Maredsous.* Una de las grandes *abbayes*, elaborada por Moortgat en Breendonk, cerca de Anvers. Límpida, color granate. Aroma afrutado, poderoso. Sabor agradable y delicado. Cerveza muy equilibrada y algo ácida.

– *La Moinette.* Fabricada por Dupont en Tourpes (Hainaut). La fábrica, que también posee una maltería, es de tipo artesanal y –detalle insólito– está dirigida por una mujer: Sylva Rosier. Cerveza refermentada en botellas, dorada, turbia. Aroma afrutado, pronunciada acritud. Muy seca y muy amarga.

– *St-Idesbald.* Esta buena cerveza, muy particular, es producida por Het Damberd en Zulte (Flandes occidental). De color granate, es muy transparente y posee un fuerte aroma vinoso. Sabor ácido y picante. Muy perfumada. Buen gusto de tonel.

– *St-Feuillen.* En Roeulx (Hainaut), la empresa Friart fabrica esta cerveza castaño-albaricoque, sin filtrar, refermentada en botella. Espuma fina, aroma afrutado, bien lupulizada. Un poco seca, le falta riqueza para tratarse de una cerveza de abadía.

– *Affligem.* Los benedictinos de la abadía de Affligem habían fabricado esta cerveza hasta 1950, antes de que dom Robert concluyera un acuerdo con la firma Hertog, establecida cerca de Anvers. En colaboración con el hermano Tobías se arribó a una fórmula que permite el uso de material moderno sin perjudicar el sabor tradicional: es la fórmula *antiqua renovata*. Elaborada desde 1970 por De Smedt, en Opwijk, Brabante.

– *Sanctus*. Cerveza de abadía de gusto rico y generoso, aunque un poco saturado a nuestro juicio. Buen bouquet de levaduras, seductor y lupulizado. Buen sabor amargo, un tanto seco.

– *Prior*. Buena cerveza de un rojo ambarino y aroma exquisitamente afrutado, fuerte y poco lupulizada. La competencia directa de la Saint-Sixtus, ya que también se fabrica en Watou.

– *Witkap Pater*. Fuerte cerveza dorada, límpida, de perfume muy afrutado. Gusto equilibrado, matiz especiado. Sin embargo, carece de relieve para ser una cerveza de abadía.

– *Abdij Tongerlo*. Fabricada por Mont-Saint-Guibert. Ambarina, de aroma embriagador y lupulizado, muy rica, es rotunda y un poco amarga.

Las especiales

El término «especiales» designa un conjunto de crudos extremadamente dispar. Se trata de todas aquellas cervezas de fermentación alta que son, bien fruto de una tradición local, bien producto de una fabricación artesanal de gran originalidad.

Las especiales belgas

– *Rodenbach.* Cerveza única y de altísima calidad. Fue estudiando el arte de la fabricación de cerveza en Inglaterra como Eugène Rodenbach descubrió el procedimiento que da a su cerveza un sabor tan peculiar. La fábrica emplea cebada, maíz, malta «Viena» y caramelo para la coloración. La cerveza se pone a reposar en cubas en encina y en ellas lleva a cabo una fermentación secundaria durante un período de entre 18 y 36 meses. Se aceda lentamente, y el ácido láctico le aporta un matiz agridulce. En la madurez es separada de la cerveza joven (6 semanas de reposo), siguiendo una proporción que determina sus características: color ámbar rojizo, limpidez, relativa uniformidad, perfume ostensiblemente afrutado y amaderado, sabor agridulce y amargor muy ligero.

– *Bush Beer.* La cerveza más fuerte de Bélgica. Producida por los hermanos Pierre y René Dubuisson, fue creada en 1933, y su nombre se explica por hallarse entonces muy en boga las cervezas inglesas. Este crudo de Tournai puede alcanzar un 9,7 de graduación alcohólica. Cobriza, cristalina, exhala un poderoso aroma alcohólico. Embriagadora y seca, resulta sumamente amarga.

– *Pauwel Kwak.* Generalmente se sirve en una «jarra de cochero» que se apoya en un caballete de madera. Pretende la historia menuda que después de 1791 los cocheros belgas se hayan servido de tales jarras para beber sin soltar las riendas de sus caballos. De color rojo rubí, cristalina, casi sin gas, la Pauwel Kwak posee un aroma vinoso, un tanto acerbo. De fuerte sabor, espirituosa, es una cerveza buena, generosa y equilibrada.

– *De Konink.* Elaborada por la última fábrica de cerveza de Anvers, es la única cerveza belga de fermentación alta que se distribuye a presión en los bares y cafés de la ciudad. Cobriza, cristalina y uniforme, tiene un fuerte perfume a lúpulo con un matiz amaderado. Amargor pronunciado pero fugaz. Buena cerveza de tipo inglés.

– *Duvel.* Fabricada en Breendonk por Moortgat, es una excelente cerveza dorada, transparente, de abundante espuma. Aroma potente y espirituoso, sabor rico y consistente. Bien lupulizada, ostenta sobre todo un acusado gusto de fermentación secundaria. A tener en cuenta.

– *Dubbel-Wit.* Dorada, elaborada en Lovaina, es una cerveza sin filtrar. Dulce, muy afrutada, produce escaso amargor. Su gustillo a manzana es harto peculiar.

– *Gauloise Purnode.* Color caoba, turbia por no haber sido filtrada, es un poco vinosa. Suave, sazonada con lúpulo y regaliz, posee un buen regusto a levadura con una pizca de aspereza. Muy original, espirituosa y fuerte, es una muy buena cerveza.

– *Vader Abt's.* La otra excelente cerveza elaborada por Celis en Hougaarde. Roja, cristalina y casi uniforme, posee un perfume potente y fresco, con un agradable toque de clavo y caramelo. De sabor dulce y levemente vinoso, es sobre todo delicada.

– *Vieux Temps*. Célebre por ser fabricada en Mont-Saint-Guibert, es una especial carente de gran originalidad, que más bien imita el tipo de *ale* dulce inglesa. Cobriza y cristalina, su aroma es débil, su sabor suave no excesivamente intenso. Pasa muy bien pero no deja huella en el paladar.

– *Special Palm*. Ambarina, transparente, con fuerte aroma de lúpulo, es relativamente seca. Amargor pronunciado, ligera pungencia alcohólica. Es una buena cerveza fuerte, de gusto acaso demasiado «limpio».

– *Navy's Coronation*. La fábrica La Marine, de Bruselas, produce esta digna cerveza que, como indica su nombre, es de tipo inglés. Castaño-rojiza, harto uniforme, su aroma es intenso y vinoso. Fuerte sabor a caramelo quemado. Cerveza dulze, si bien fuertemente alcoholizada.

– *Oerbier Nat en Straf*. Magnífica cerveza, fuerte y suave, refermentada en botella, puede ser conservada como máximo tres meses. Para degustar esta buena especial hay que desplazarse a Bélgica, pues sólo la elaboran los fines de semana en Esen, cerca de Dixmude. La fábrica De Dolle Brouwers («Los cerveceros locos») reivindica las cervezas no filtradas y «no manoseadas».

– *Mechelschen Bruynen*. En flamenco este nombre significa simplemente «morena de Malinas». La cerveza, rojo oscuro, cristalina, es producida por Het Anker. Su aroma es vinoso, su gusto potente y regalizado, su contenido alcohólico alto.

– *Carolus d'Or*. Otra cerveza negra de Malinas fabricada por Het Anker. Castaño rojizo, cristalina, su aroma vinoso es más delicado. Muy fuerte.

– *Goudenband*. La más notable cerveza negra belga, producida en Oudenaarde por Liefmans. De color rubí oscuro, límpida, su espuma es muy abundante pero fugaz. Aroma potente, vinoso, perfume agradablemente amaderado. Regusto generoso, riquísima paleta: dulce al principio, ligeramente picante a continuación, al fin se vuelve ácida. Sobresaliente equilibrio. Un gran crudo, de tipo muy señalado.

- *Special Roman.* Producida por la otra fábrica de Oudenaarde. Color caoba, cristalina, poco espumante. Fuerte aroma a caramelo, gusto azucarado y amargo, caramelizada en exceso.

- *Dobbelen Brunen.* Aunque menos seca y más suave, esta segunda cerveza de la firma Roman presenta los mismos defectos que la Special.

- *Félix.* Elaborada por Clarysse, es una negra muy fuerte, de color ambarino sombrío, con aroma malteado. Pastosa, luego ligeramente ácida, es un tanto astringente.

- *Oud Zottegem.* Elaborada por Marcel Combré no lejos de Oudenaarde, en una de las fábricas más pequeñas de Bélgica. Acabada, límpida, relativamente uniforme, con un muy pronunciado perfume de lúpulo fresco y un sabor franco, rudo y áspero, es un gran crudo artesanal.

Una especial danesa

– *Old Gambrinus Beer.* Soberbio crudo elaborado por Handcok en la ciudad de Skive. Cerveza cobriza, poco espumosa. Aroma un poco en agraz pero franco, sabor dulce y «resbaladizo», ligera astringencia. Muy buena cerveza de gusto bien tipificado, consistente y espirituosa.

Las especiales holandesas

– *Goudsch Kuyt.* Excelente cerveza fabricada en Gouda. Dorada, de espuma densa, aroma picante y alcoholizado, sabor ligeramente especiado, poco lupulizada, muy delicada. Conviene no perdérsela.

– *Gulpen X-Pert.* Buena cerveza dorada, cristalina. Sabor seco, amargor pronunciado, ligero matiz de caramelo que le otorga el temple de una cerveza «cocida», a imagen de las *bitter* inglesas caramelizadas.

– *Gulpen Dorp.* Perteneciente a la misma firma que la anterior. Buena cerveza de color albaricoque y aroma bien lupulizado, con una ligera acritud. Acusado regusto a levadura, fuerte amargor. Un poco seca.

– *Arcen Magnus.* Elaborada por Arcense, en Arcen. Cerveza rubí oscuro, cristalina, de espuma densa y fina, aroma afrutado, muy levemente picante, sabor muy ligero, un punto ácido, amargor medio. Un gran crudo.

– *Oud Limbourg.* Ambarina, de espuma compacta. Aroma de caramelo cocido, sabor dulce y pastoso, un poco especiado, apenas amargo, a despecho de lo cual la cerveza expresa su suavidad. Cercana a las *ales* pero menos amarga.

– *Hertog Jan Triple.* El otro gran producto de la empresa, refermentada en botellas de porcelana. De un rubio pajizo, espuma viva y fugaz, perfume ligero y especiado, característico olor a levadura, paleta matizada, sabor amargo y sazonado. Buena cerveza que recuerda los productos belgas de abadía.

La especial americana

– *Anchor Steam Beer.* La única cerveza americana auténticamente original. A mediados del siglo XIX, una oleada de inmigrantes alemanes impone en la costa oeste de los Estados Unidos –San Francisco, en particular– una novedad: la fermentación baja. No obstante, en un clima cálido esta técnica exige abundantes cantidades de hielo, demasiado caro en aquella época para los pequeños fabricantes. Es entonces cuando algunos optan por una solución intermedia: la utilización de levaduras bajas alemanas asociadas a una fermentación a temperatura ambiente. La cerveza, servida rápidamente a presión, seguía siendo demasiado «tumultuosa»: no bien el camarero accionaba la bomba, la presión del gas liberado hacía pensar en el ruido de las nuevas máquinas a vapor, comparación que otorgó su nombre a la bebida: *steam beer* («cerveza a vapor»).

En la actualidad Fritz Maytag, único productor de *steam,* sigue conservando la esencia del procedimiento original. Su cerveza es fabricada a base de cebada, sin añadidos de maíz ni de arroz, contrariamente a la costumbre americana. Muy lupulizada, cobriza, seca, su sabor es notablemente más rico y su gama más diversificada que los del conjunto de las cervezas del país.

Las «altbier»

Producidas sobre todo en la región de Düsseldorf, se encuentran entre las pocas cervezas alemanas que han resistido el auge de la fermentación baja. La *altbier* o «cerveza antigua» debe su carácter a las maltas oscuras empleadas en su elaboración y a la fuerte lupulización que le confiere un particular toque amargo.

– *Schlösser Alt.* La más célebre. Ambarina, casi cobriza, cristalina. Espuma compacta, fina y cremosa. Aroma bien lupulizado y relativamente fuerte. Sabor dulce y ligeramente áspero. Es una muy buena cerveza que exhibe un admirable equilibrio.

– *Gatzweilers.* Ambarina, cristalina, con perfume de caramelo ligeramente regalizado. Una *alt* a un tiempo dulce y un poco áspera, que deja un duradero regusto amargo.

– *Frankenheim.* Cobriza, de espuma fina y compacta, aroma de caramelo quemado, harto potente y muy lupulizado. Excelente cerveza dulce y suave, con un leve matiz acaramelado.

Hay otras *alt* que sólo pueden encontrarse en Düsseldorf: tal el caso de la Zum Uerige, que bien vale un viajecillo, o la Im Füchschen... Las *altbier* de Düsseldorf llevan en la etiqueta la mención *Echte Düsseldorfer Altbier,* que las distingue del resto de las de su especie fabricadas en la región: la célebre Hannen Alt de Korschenbroich, la Rhenania de Krefeld y la Diebels de Issum.

También Münster puede enorgullecerse de una muy buena *alt,* elaborada por Pinkus Müller. Es una cerveza muy aromática, un poco áspera, amarga, con una espuma cremosa, oscura, de sabor un tanto «rústico» y ligeramente herbáceo.

En Essen se encuentra la Funke Alt, densa y espirituosa, con un pronunciado fondo de lúpulo y caramelo quemado. ¡Una *alt* cercana al *barley wine* inglés!

– *Broyhan Alt.* Así bautizada en mención al gran cervecero de Hannover, esta destacada cerveza cobriza es un producto de la fábrica Lindener-Gilde. Agradable perfume de malta corregido por el dulce amargor del lúpulo, espirituosa y sincera. Se trata de una cerveza sorprendente: a descubrir o redescubrir.

– *Diebels Alt.* Elaborada en Issum, de color caramelo y espuma fugaz. Posee un perfume delicado en el cual predomina la mejorana, un sabor seco con poderoso lupulizado y un matiz de caramelo quemado al cual sigue una prolongada impresión de aspereza. Muy buena *alt*, acaso un tanto «cruda» para ciertos paladares.

Jarras alemanas de gres con tapa
de estaño. Siglo XVI.

Las kölsch

Como indica su denominación, las *kölsch* solamente se elaboran en la región de Colonia, siendo el límite la ciudad de Bonn. Dicho sea de paso, tal denominación se halla protegida, y únicamente pueden fabricar crudos de sus características los miembros de la Unión de Cerveceros de Colonia.

Las *kölsch*, pálidas e intensamente lupulizadas, a menudo constituyen en Alemania un aperitivo muy buscado. Cervezas regionales, difícilmente se las encuentra fuera de las fronteras de Alemania. Si proyecta usted realizar un viaje a la región, no deje de hacer una parada en el establecimiento de Fruh, en la elaboradora Dion o en la fábrica Päffgen.

Las siguientes son cuatro cervezas de este tipo que se expenden embotelladas y no son difíciles de encontrar:

– *Küppers Kölsch*. Rubio pálida, cristalina, agradablemente afrutada. Aroma un poco ácido. Harto seca, esta muy bien lupulizada, con un matiz de hierbas. Es una buena cerveza, de perfume original y sabor un tanto ácido donde domina el lúpulo.

– *Gaffel*. Dorada y ligeramente velada. Espuma débil y poco duradera, aroma herbáceo y dulzón, sabor áspero. Buena cerveza, muy elegante y con un fuerte amargor, poco burbujeante. No posee la habitual acidez de las *kölsch*.

– *Dom Kölsch*. Dorada y límpida, de espuma fina. Aroma intenso de malta, relativamente seca, notable amargor (al igual que todas las cervezas de este estilo), y con un curioso matiz salado. Muy buena cerveza cuyo amargor no se contradice con esa particular salazón.

– *Conradin*. Rubia y turbia. Perfume afrutado y apenas láctico. Notablemente suave y francamente lupulizada. Poco chispeante.

Citemos aún la Gilden Kölsch, la Garde Kölsch y la Gereons Kölsch, todas ellas excelentes. Y para acabar hagamos una referencia a las *kölsch* elaboradas no en Colonia sino en la comarca, como aquella Kurfürten Kölsch, proveniente de Bonn, muy decepcionante en comparación con las «originales».

Las cervezas de temporada

Especialidades valonas, las cervezas de estación o temporada, elaboradas tradicionalmente de abril a mayo (de ahí su nombre), no se consumían en otros tiempos sino de cuatro a seis meses más tarde, después de haber madurado en toneles de madera. Hoy en día se las fabrica durante todo el año en la provincia de Hainaut, donde luego se someten a acondicionamiento en botellas taponadas con corcho.

– *Saison de Pipaix*. El ejemplo típico. Elaborada por Gaston Biset, es una buena cerveza cobriza, turbia, de gusto ligero dominado por la aspereza del regusto a madera.

– *Double Enghien*. La fábrica está instalada en Silly, cerca de Edingen (Enghien en flamenco). Cerveza fuerte, cobriza, turbia, de débil sedimento, suave y dulce. Buen aroma de levaduras, fresco y afrutado.

– *Saison Regal.* Elaborada en Marbaix-La-Tour por la Brasserie Centrale, esta cerveza ambarina posee un poderoso aroma. Por demás seca, se asemeja a las inglesas por un ligero gustillo a caramelo quemado. Un tanto decepcionante si se tiene en cuenta su gran reputación. La otra cerveza de la firma, la Gauloise Purnode, la supera considerablemente.

– *Extra Vieille.* Ambarina, turbia. Buen aroma de lúpulo, pero escaso cuerpo. Ligeramente ácida. Este crudo de los dos elaboradores de Guignies, Allard y Grotembril, tiende a semejarse a las cervezas de abadía, aunque es un poco menos rica y más seca.

– *Vieille Saison de Voisin.* Perfumada con lúpulo fresco por la familia Dubuisson-Lison en la localidad de Flobecq, es una cerveza absolutamente recomendable. Es una pena que sólo se distribuya en la zona.

Las cervezas blancas belgas

Especialidades de la región de Lovaina, las *blancas (blanches)* –así llamadas a causa de su palidez– se elaboraban originalmente a base de cebada (alrededor del 45 por ciento), candeal (45 por ciento), avena (10 por ciento) o, más raramente, alforfón. Después de la II Guerra Mundial su producción se paralizó a consecuencia de las restricciones en el cultivo de avena y candeal. Años más tarde fabricantes de la región tornaron a elaborarla, si bien empleando sólo cebada y candeal.

– *Oud Hoegaards Bier.* La mejor blanca de Bélgica, producida por Célis en Hoegaarden. Pajiza y velada, con un muy fuerte bouquet ácido y afrutado y un sabor picante, que raspa ligeramente, sigue siendo no obstante una cerveza delicada y elegante. A degustar ligeramente fresca.

– *Wittekop.* Fabricada desde hace poco tiempo por Riva, en Dentergem. Aroma dulzón pero intenso. Color albaricoque; turbia. Gusto originalísimo: perfume de canela y rotundidad de candeal.

– *Blanche de Bruges*. Creada por Goudenboom y comprada por Boon en 1984. Pálida, turbia, con un aroma ácido y afrutado y un sabor acidulado, es una cerveza muy suave, muy agradable, acaso excesivamente «saturada» de gas.

Las cervezas alemanas de candeal

Existen dos clases principales de cervezas de candeal: las de Berlín y las de Baviera.

La weissebier de Berlín

Especialidad berlinesa, la *weissebier* o «blanca de Berlín» –popularmente denominada «champaña del Spree» o «champaña de los obreros»– aparece en documentos de la ciudad desde el año 1572. Es una cerveza floja (*schankbier*), con tan sólo un 2,6 por ciento de alcohol, que ostenta una legendaria acidez y se elabora empleando una cuarta parte de malta de candeal y tres cuartas partes de malta de cebada. Su filtrado, débil, permite que pase la suficiente cantidad de levadura para que la bebida pueda madurar y saturarse en las botellas, proceso al cual se debe su carácter chispeante y la delicadeza de su espuma.

– *Weisse Berliner Kindl.* El prototipo de la cerveza. Amarilla pálida, ligeramente velada, muy espumosa. Aroma afrutado un tanto ácido, poderoso bouquet de cereales, sabor dominado por la acidez. Muy suave y muy saturada, es de lo más «fluida». Cerveza notable, de asombrosa acidez, compensadas por una elasticidad y un bouquet incomparables. Un extraordinario crudo.

– *Schultheiss.* Amarilla pálida. Estupenda espuma blanca. Cerveza dulce, de floja densidad, aroma afrutado, de considerable acidez. Es la *weisse* más fácil de encontrar, debido a que la distribuye Dortmunder Union.

– *Sailerbräu Weisse.* Cerveza de Alemania Democrática, dorada, turbia. Espuma delicada y blanca, aroma dulce, ligeramente afrutado pero débil, gusto dulzaino y suave, matiz de hierbas, con un ligero post-amargor. Buena cerveza muy chispeante, quizás algo poco afrutada para tratarse de una *weisse.*

– *Berliner Weisse.* Elaborada al otro lado del muro, se trata de una blanca bien asentada, dorada y turbia, con un poderoso perfume lácteo, un ácido sabor bien afrutado y largo, que acaba con una nota de aspereza. Muy buena cerveza, según algunos muy próxima a la sidra *brut.* ¡Aficionados a los dulces, abstenerse!

Las weizenbier bávaras

Desde hace algunas décadas un cierto mar de fondo perturba las cervecerías alemanas. El renovado ascenso de las especialidades de candeal ha propiciado el éxito de las cervezas refermentadas en botella, las *hefe weizen bier.* A este favor se debe el nacimiento de nuevos crudos de alta calidad, que desde luego se apoyan en la prolongada tradición bávara de fabricación de cerveza con candeal.

Las *weizenbier* contienen mayor proporción de candeal que las *weisse* berlinesas (entre un 60 y un 70 por ciento). Débilmente lupulizadas, son muy refrescantes, ligeras y muy dulces: 4 por ciento de alcohol, 6 por ciento como máximo en el caso de la Weizen Doppelbock.

— *Paulaner Weizenbier.* Rubia, cristalina, muy espumosa. Aroma afrutado y dulce, gusto rotundo y delicado, muy poco amargor. Buena cerveza que, no obstante, su filtrado total torna algo pobre.

— *Hofbräuhaus München.* La *weizen* de referencia. Rubia, de fina espuma, aroma muy malteado y ligeramente frutal. Cerveza elegante y delicada, poco saturada, un poco ácida.

— *Pikantus.* Elaborada por Franz Brombach, especialista en cerveza de candeal con sedimento. Color caramelo oscuro, turbia y muy espumosa, su aroma espirituoso y consistente es el preámbulo a un sabor fuertemente herbáceo a la vez que dulce y suave. Excelente expecialidad que un procedimiento secreto aproxima a las trapenses belgas, ¡lo cual es extraordinario para una cerveza de candeal!

— *Weizen bock.* Proveniente de Bayreuth, donde el gran templo wagneriano no logra eclipsar la fama de otro santuario, la fábrica de cerveza Maisel, esta variedad hecha a base de candeal merece todos los elogios. Refermentada en botella, de un bonito color caoba, es no sólo aromática sino también suave, con una sensible aspereza final. Crudo de gran fineza y muy equilibrado.

— *Augsburger Alte Weisse.* Refermentada en botella, con una espuma compacta y un aroma embriagador, enloquece el paladar con su sabores poderosos y consistentes.

— *Tucher Hefe Weizen.* Obviamente refermentada, proveniente de Nuremberg, se distingue por una coloración albaricoque y matices aromáticos especiados que recuerdan al jengibre. Estupendo regusto. Es una suerte de prima carnal de las trapenses belgas, que sin embargo sólo están hechas con cebada.

— *Patrizier Weizen Dunkel.* Rojiza y cristalina. Fuerte aroma a levadura, gusto ahumado, tonalidad afrutada un tanto ácida. Un feliz equilibrio.

– *Kuchlbauer Weisse.* Elaborada en Abensberg, en la Baja Baviera. Este sobresaliente crudo, turbio y rubio oscuro, tocado con una espuma nívea, exhala un perfume ácido pero sobre todo presenta una elasticidad y un «paladar» de los más agradables.

– *Münster Weizen.* Fuerte cerveza candealizada de Ulm, dorada y transparente, de espuma abundante, fina y fluida. Perfume y sabor que curiosamente recuerdan los de la manzana. Azucarada y casi desprovista de amargor, esta cerveza deja algo así como una reminiscencia de sidra.

– *Hefe Sanwald Weizen.* Esta cerveza de Stuttgart supera en exhuberancia a las mejores bávaras. Muy malteada y poderosamente afrutada, chispeante, es una de las mejores *weizen* refermentadas.

En la categoría de las «candeales superiores» cabe mencionar aún las Furnheimer, las Valentin, las «candeales» de Bamberg, de Munster y algunas más...

Gracias al embotellado, es posible beber una bock
en cualquier lugar y a todas horas.

Las cervezas «reserva» de Francia

Especialidades del norte del país galo, llamadas «reserva» o «de reposo» (*de garde*, en francés) por conservarse largo tiempo en cubas o toneles, estas cervezas conocen actualmente un auge merecido, de modo que al fin Francia puede enorgullecerse de unos crudos originales capaces de rivalizar con sus grandes vecinos belgas e ingleses.

– *Jade.* En nuestra opinión la mejor *garde* francesa. No pasteurizada, se elabora empleando maltas de cebada de cultivo biológico. Ambarina, ligeramente velada, su espuma es ligera y fugaz, su perfume muy afrutado. Sabor redondo, amaderado, buen amargor. Estupenda cerveza, calma la sed, es ligera y afrutada. Para no perdérsela.

– *Jenlain.* Cobriza, brillante y filtrada, es relativamente uniforme. Buen aroma lupulizado, relativamente seca, con una ligera astringencia. Bien saturada, su amargor es razonable. Pequeño matiz amaderado. Buena cerveza de fuerte carácter.

– *Bière des Coulonneux.* Elaborada, como la Jade, por Castelain en la localidad de Bénifontaine, es una buena cerveza color albaricoque, ligeramente turbio. Aroma muy espirituoso y bien lupulizado, agradable bouquet de levaduras, sabor rico y azucarado, redondeada y dulce. Cerveza aromática.

– *Réserve-St-Landelin.* Elaborada por Rimaux en Crespin. Color caoba, cristalina, pero con un ligero poso. Espuma abundante y leve, aroma de «lúpulo viejo» un tanto vinoso. Sabor consistente, delicado y acaramelado. Muy chispeante, es una cerveza fuerte, que posee un buen bouquet algo semejante al de las *abbayes* belgas.

– *Saint-Léonard.* Cobriza, cristalina y relativamente uniforme, muy seca, un poco demasiado áspera y muy gaseosa. Pronunciado amargor, pese a su gusto sin relieve. Cerveza media.

– *Petite Suisse du Nord.* Cobriza y transparente. Aroma débil, sabor seco con un tenue matiz de caramelo, que deja un regustillo áspero. Cerveza media, rasposa, carente del típico sabor de las reserva.

– *Pastor Ale.* Un buen ejemplo de lo que no se debe hacer. Color miel, perfume de *ale* bien lupulizada pero sabor quemado, amargo, demasiado fuerte y medicinal. Amargor en exceso áspero. Pálida imitación de las grandes *ales* británicas.

– *Bière des Sans-Culottes.* Elaborada en Hordain por Bougeois Lecerf. Dorada, turbia, aroma muy perfumado y un poco picante, sabor seco con un fondo de acidez, ligera acritud causada por las levaduras. Muy poco amarga, es una buena cerveza de perfume sorprendente y agradable.

Las «kriek» o cervezas a la cereza

Bajo esta rúbrica han de registrarse todas aquellas cervezas belgas, a base de cebada, en las cuales se dejan macerar cerezas. No hay que confundirlas con las *kriek-lambic,* que más adelante encontraremos en el capítulo dedicado a las «cervezas espontáneas».

– *Liefmans.* La excelente fábrica de Oudenaarde posee una

– 150 –

notable *kriek*, que elabora una vez por año, en el mes de julio. Las cerezas se vierten en los toneles de Goudenband cuando ya han alcanzado al menos un año de edad y en ellos se maceran durante 7 ú 8 meses. Posteriormente la *kriek* es sometida al filtrado y clarificada en cubas durante tres meses más. Luego de ser embotellada, aún se conservará en cavas durante otro año. Cerveza fuerte (7 por ciento de alcohol) de color granate oscuro. Espuma cremosa y abundante, aroma fresco y ligero. Una ligera acidez que da el toque final a un gran crudo.

– *Morelle*. Fabricada por Jean Alen. La anti-Liefmans: cerveza caramelizada por el añadido de zumo de cerezas. Castaño-rojiza, con escaso aroma, muy azucarada, sin amargor, el gusto a cerezas eclipsa el de la cerveza. Nulo equilibrio.

Muchas otras fábricas poseen sus *krieken*, pero muy pocas se toman el trabajo de elaborarlas con calidad. Citemos de momento a Crombe, en Zottegem, una pequeñísima firma que produce una muy buena Oud Kriekenbier, desafortunadamente muy difícil de encontrar.

Las cervezas de fermentación baja

Hace doscientos años las cervezas de fermentación baja eran muy diferentes unas de otras, correspondiendo las características tanto al origen geográfico del crudo como a los métodos de elaboración. Poco a poco, con la aparición de un mercado europeo de la cerveza, aquellas diferencias han ido desvaneciéndose en beneficio de un tipo más uniforme. No obstante todas las variedades han conservado sus denominaciones, que nosotros utilizaremos para clasificarlas, y algunos empresarios aún hacen cuestión de honor del hecho de mantener el carácter de las cervezas de origen.

Las «pils» o «pilsener»

El éxito actual de las cervezas de este tipo ha de acreditarse a un cervecero de origen checo llamado Frantisek Ondrej Poupe. Gracias a él, a fines del siglo XVIII todas las fábricas del país entran en proceso de modernización y se generaliza el uso del termómetro y demás instrumentos de control. Es él quien se halla en los inicios de la verdadera producción «científica», seguido de cerca por Gabriel Sedlmayr en Munich, Dreher en Viena y la fábrica Carlsberg de Copenhague.

La historia de la *pils* comienza realmente en 1839. Los cerveceros de la ciudad de Pilsen, en Bohemia, exigen a la administración el derecho a construir una nueva fábrica. La atracción por la novedad los empuja hacia la fermentación baja. En 1842 sale de las cubas la primera *pils,* como parte de una producción que en el primer año alcanzará los 3600 hectolitros. Rápidamente, sin embargo, la originalidad de la bebida le granjeará un éxito notable y muy pronto todas las tabernas de la ciudad despacharán la novedad.

En nuestros días resulta harto difícil diferenciar las cervezas de fermentación baja, dado que la mayor parte de los fabricantes emplean el término *pils* para designar a toda cerveza clara y amarga, incluso si el producto dista mucho de la calidad del checo.

Las «pils» checas

– *Pilsen Urquell.* El nombre significa «*pils* de origen». Es, evidentemente, el ejemplo canónico. Cerveza dorada, de espuma espesa y ligeramente cremosa, aroma malteado y bien lupulizado, y sabor lleno de cuerpo y muy lupulizado también. Seca, con un ligero matiz amaderado. Gran crudo: conocerlo es imperativo si es que no se lo conoce ya.

La mejor manera de beber una *pilsener* es darse una vuelta por Checoslovaquia. Ya en Pilsen, el sitio ideal –el más renombrado, al menos– es el café U Salmanu: es allí donde uno puede degustar la verdadera *pils*, servida en condiciones idóneas, sin los viajes y condicionamientos que privan a la cerveza de su «frescura».

– *Svetovar.* Esta otra cerveza de Pilsen, muy cercana a la Urquell, es un producto de la fábrica Gambrinus. Posee menos cuerpo pero, clara y bien lupulizada, es amarga y refrescante.

– *Budvar.* Producida en Ceské Budéjovice (Budweis en alemán, de donde el nombre de *budweiser* para esta cerveza fuera de Checoslovaquia). Rubia pálida, aroma dulce pero lupulizado, espuma ligera, buen amargor, seca. Es la segunda gran cerveza checa. No debe confundirse con la Budweiser americana, que no es más que una cerveza standard.

– *Branik Special.* Elaborada en los suburbios de Praga. Buena cerveza pálida, de aroma bien lupulizado, con un fuerte sabor de malta, dulce y cremosa.

– *Kapucin.* Fabricada por Vratislavice. Cerveza negra de reflejos rojizos, dulce y rotunda. Su amargor es dominante, pero carece de la acritud de los taninos. Cerveza muy peculiar pero a la vez muy sincera.

Las «pils» alemanas

Por hallarse próxima a Bohemia, Alemania se ha podido apropiar de las *pils. Pils* son muchas de las más grandes cervezas germanas, aun dándose el caso de que presenten notables diferencias en relación con el modelo original.

– *Flensburger.* Una grandísima cerveza. Dorada, cristalina, de aroma muy lupulizado, es un clásico entre las variedades del Norte (se elabora en Schleswig-Holstein) merced a su fuerte lupulización y su sabor pronunciadamente seco.

– *Jever.* Rival de la Flensburger, es mucho más célebre a causa de su mejor comercialización. Rubia y cristalina, es dueña de un aroma finísimo. Buena cerveza, harto fuerte, seca y bien malteada.

– *Ratsherren.* Cerveza de Hamburgo, dorada, fuertemente lupulizada pero un poco azucarada. Amargor largo y franco. Un poco fuerte para tratarse de una *pils.*

– *Karlsbräu.* También hamburguesa, dorada, fuertemente lupulizada, seca. Buen amargor tenaz. Buen cerveza, harto saturada y muy levemente caramelizada.

– *Beck's Bier.* Cerveza de Bremen. Amarillo-pálido, cristalina, de aroma bien malteado y sabor dulce, poco saturada. Cerveza muy célebre, pero media.

– *Bitburguer.* Elaborada por Simon. *Pils* rubia, transparente, de aroma muy bien lupulizado. Seca y muy amarga, es muy conocida en la RFA. Buena cerveza clásica.

– *Wolters. Pilsener* de Braunschweig, rubia, muy rica y bien amarga, en este sentido excelente representante de las cervezas del norte de Alemania.

– *Ureich.* Fabricada en Manheim. Rubia, con buen aroma malteado, franca y de duradero amargor. Buena *pils* seca, muy tipificada.

– *Beckers Pils.* Rubia y transparente, con buen aroma de lúpulo fresco. Buena cerveza seca y amarga, casi áspera, sincera.

– *Schlossquell.* Sobresaliente *pils* fabricada en Heidelberg. Rubia, cristalina, su aroma es extremadamente malteado, su sabor muy meduloso. Una fuerte lupulización le proprciona un marcado amargor, con un curioso matiz salado y una tremenda fineza. Buena representante de las *pils* germanas.

– *Kubele.* Dorada, de aroma espirituoso, sabor dulce aunque fuerte en contenido alcohólico, amargor medio, ligero matiz de caramelo. Buena cerveza, muy agradable.

– *Warsteiner.* Rubia, cristalina. Fina espuma blanca, muy agradable perfume de malta, sabor acusadamente malteado, buen amargor. Cerveza admirablemente equilibrada, dulce y suave.

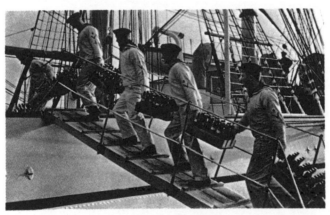

Escala en Kiel: marinos soviéticos embarcan cerveza.

– *Urtyp 1878.* Elaborada por Stumpf en Lohr-am-Main. Muy buena cerveza dorada, transparente, sumamente densa, de fuerte aroma a malta, con sabor vigoroso y rotundo. Excelente, rica, intensa y generosa.

– *Strasbräu.* Fabricada por Eiler, en Wetzlar, es una buena cerveza rubia, de espuma fina y muy blanca, con aroma finamente lupulizado. Suave y amarga, es ligera y refrescante.

– *Krombacher.* Dorada, de espuma espesa y fugaz, con buen aroma lupulizado, elegante y dulce, buen amargor. Crudo muy bien equilibrado.

– *Furtenberg*. Rubia de Donaueschingen, cristalina, con aroma potente y bien lupulizado, de sabor un tanto seco y amargor pronunciado, es una excelente *pils* clásica.

– *Wicküler*. Elaborada en Wuppertal. Rubia, de aroma muy espirituoso, pero de consistencia elegante. Buen sabor de lúpulo, muy poco amargo. Cerveza de calidad, aunque el componente alcohólico esté escasamente presente.

– *Weihenstephan*. Fabricada en una abadía de Freising (Baviera), es una cerveza rubia, velada, con buen perfume de lúpulo. Seca y muy amarga, se asemeja a las cervezas alemanas del norte o las *pils* checas por su lupulización.

En la actualidad la ciudad de Dortmund, una de las capitales germanas de la cerveza, está abandonando –desafortunadamente– su especialidad (las *dortmunder*) para lanzarse a la fabricación de unas *pils* que, en honor a la verdad, resultan excelentes.

– *Stifsherren*. Rubia oscura, de velo muy ligero, posee una espuma abundante y tenaz y un fuerte aroma de lúpulo. Notable equilibrio entre el sabor malteado y el amargor debido a la lupulización. Buena cerveza muy tipificada, malteada y amarga, sincera y muy redonda.

– *Classic*. Producto de la Kronen Dortmunder, es una cerveza dorada. Espuma fugaz, buen aroma malteado, lupulización mediana, un poco acre. No demasiado original, es una cerveza que hace honor a su nombre.

– *Siegel Pils*. Rubia pálida, de espuma abundante, sabor levemente picante seguido de un buen amargor, seca. Harto equilibrada, es una buena cerveza honesta.

Las pils de Alemania Oriental

– *Radeberger*. Fabricada cerca de Dresde, es una cerveza rubia y cristalina. Aroma un tanto débil, sabor seco y muy lupulizado, poco gaseosa y amarga. Cerveza media, por demás pobre.

– *Wernes Gruner*. Rubia y transparente, flojo aroma de lúpulo fresco, sabor un poco seco y amargo, es una *pils* poco saturada. Muy ligera y «simple», es no obstante mejor que su rival, la Radeberger.

Las pils holandesas

Los Países Bajos han hecho para sí una especialidad de la típica cerveza de Bohemia, al tiempo que el poderío comercial de la empresa Heineken logró que el mundo entero conociese el «estilo neerlandés».

– *Heineken Lager Beer.* Rubia y cristalina, tanto su aroma como su sabor nacen de un sabio equilibrio entre la dulzura malteada y un amargor perfumado. A destacar que el ligero amargor se impone antes de ser eclipsado por el sabor dulce final. La Heineken holandesa es más seca que su equivalente gala.

– *Grolsche.* Notable cerveza, de lo más «natural». Rubia, cristalina, de espuma fugaz, aroma bien lupulizado, sabor pleno pero seco, deja un agradable regusto de cereales. Cerveza sana y cuidada, con agradable presencia de lúpulo y en principio no pasteurizada, que debe probarse lo antes posible.

– *Amstel.* Cerveza dorada y cristalina, del grupo Heineken. Aroma espirituoso, rotundo, embriagador, ligeramente caramelizado, post-amargor ligero pero prolongado. Buena cerveza, bastante bien equilibrada.

– *Oranjeboom.* Buena cerveza rubia, transparente. Buen aroma lupulizado, fino y agradable. Cerveza elegante y ligeramente amarga, de sabor «espeso» pero escasamente equilibrado.

– *Brand up'52.* Rubia, de espuma muy fina y blanca, buen aroma y fuerte amargor, es una cerveza media, seca y muy saturada, de post-amargor casi acre.

Las pils danesas

Con la Carlsberg y la Tuborg, Dinamarca posee dos firmas cerveceras de vasta fama, cuyo gigantismo (en la actualidad ambas forman parte del mismo grupo) no ha conseguido alterar la calidad de todas sus variedades.

– *Gamle Carlsberg («Vieja Carlsberg»).* Buena cerveza de rasgos intermedios entre los de la *munich* y los de la *pils*. Espuma espesa y abundante, fuerte aroma de lúpulo y de caramelo, sabor potente, fuerte amargor. Buena cerveza, muy franca, muy rotunda, poco saturada.

– *Carlsberg Special Brew.* Rubia oscura, buen aroma lupuliza-do, fuerte amargor, sabor fuerte, pequeño matiz especiado, fuerte post-amargor. Buena cerveza.

– *Tuborg Fine Festival.* Rubia oscura, espuma fluida, aroma muy lupulizado, seca, de fuerte amargor. Buena cerveza, densa y muy amarga, muy cercana a la Carlsberg Special Brew.

– *Jykse Paske Bryg.* Rubia, buen aroma malteado y perfumado, sabor dulce y un poco especiado. Buena cerveza densa, fuerte y fra-gante.

– *Faxe Fad.* Gran cerveza no pasteurizada que vale la pena descubrir. Rubia oscura, brillante. Espuma fina, aroma de levadura muy agradable y marcado. Sobremanera saturada, su sabor es seco. Gusto muy fino que privilegia el lúpulo y las levaduras.

– *Faxe Paske Bryg.* Otra buena cerveza de la firma Faxe. Dora-da y cristalina. Espuma fina y cremosa, buen aroma de levadura y de fermentación secundaria, sabor predominantemente amargo. Cerve-za seca, ligeramente ácida y muy saturada.

– *Storm P.* También elaborada por Faxe, esta cerveza dorada y cristalina posee un aroma fuertemente lupulizado, un sabor redondo a la vez que algo picante, y una tenue tonalidad de especies. Buena cerveza espirituosa, de sabor poderoso y bien equilibrado.

– *Red Eric.* Dado que en otros tiempos la Red Eric pretendía integrarse en la tradición de las cervezas de corazoncillo, llegó un momento en que la fábrica Ceres empezó a utilizar un colorante para darle su famoso tinte rojizo, con lo cual el producto acabó por ser prohibido. Hoy en día la Red Eric es una buena cerveza rubia, cristalina, con buen aroma de lúpulo. Sabor muy seco, buen amar-gor, gasificación media.

– *Giraf.* Elaborada en Odense por Albani, la Giraf fue creada para competir con la Elephant de la Carlsberg. Rubia pálida, de espuma espesa, posee un buen aroma de malta suave, y un buen amargor fugaz que cambia en la boca. Buena cerveza, aunque de regusto amargo un poco áspero.

Las pils francesas

– *Fischer*. Rubia oscura, cristalina, con excelente aroma sincero, malteado y lupulizado, dulce, consistente, de pequeño regusto azucarado. Buena cerveza dulce.

– *Belle Strasbourgeoise*. Dorada, de espuma fina y fugaz, aroma débil, dulce y escasamente amarga, muy floja, sobremanera saturada. Buena cerveza de tipo alsaciano (dulzor y tenue amargura). Elaborada asimismo por Fischer, la mejor fábrica francesa de *pils*.

– *1664*. Cerveza de Kronenbourg. Dorada, redonda y un poco amarga, una variedad de *pils* un poco acaramelada.

– *Gold de Kanterbräu*. Dorada, desde luego, cristalina, posee un perfume netamente alcohólico que refuerza su sabor poderoso y su prolongado amargor con ligera acritud final.

Las dos especiales siguentes, del grupo BSN, rivalizan con las dos *pils* alsacianas del grupo Sogebra:

– *Mutzig Lager*. Rubia, cristalina, bien malteada y suave.

– *Ancre Pils*. Rubia cristalina, también suave pero menos amarga que su prima.

Y citemos por fin dos bajas un tanto peculiares:

– *Pelforth Brune*. De color rubí oscuro, con espuma espesa pero dueña de un aroma cuya debilidad contrasta con el gusto consistente. Buen amargor final.

– *Ackerland*. Elaborada por Météor en Alsacia. De color castaño con reflejos rojizos, de tenue aroma realzado por un sabor acaramelado con un ligero toque de regaliz. Sabor breve, carente casi por completo de amargor.

Las pils suecas

– *Falcon Export.* producida por Falkenberg, es una buena cerveza rubia y cristalina. Aroma muy generoso, redondez y elegancia muy sorprendentes. Amargor de tonalidades dulces; medianamente gasificada.

– *Pripps Export.* Producto de la fábrica de cerveza más célebre de Suecia, al menos en el extranjero. *Pils* dorada, transparente, de espuma densa y abundante, sabor muy dulce y delicado, amargor pasajero, con una redondez final. Buena cerveza dulce, espirituosa y rotunda.

– *King Lion.* Cerveza rubia fabricada en Halmstad, ligeramente velada. Espuma muy blanca y ligera, aroma dulzón, tenue, con un levísimo toque avellanado. Sabor muy dulce, natural y un poco azucarado, ligero amargor herbáceo y pequeña acidez. Es una buena cerveza, curiosamente fragante, que recuerda a las perfumadas con *myrica gale.*

Una islandesa

– *Polar Beer.* Llegada hace muy poco de Reykjavik. Dorada y cristalina, sorprende por su agradable aromatización, su amargor muy discreto y su matiz acaramelado. El auténtico equilibrio dentro de la dulzura.

Y una yugoslava

– *Niksicko Pivo.* Una *pils* ambarina de exportación, poco espumosa, fuertemente lupulizada pero carente de sequedad. Postamargor largo y pronunciado.

Las bávaras

Deben distinguirse dos tipos: las *munich* o *münchen* y las *marzenbier.*

Las «munich»

Si a alguien debe la ciudad de Munich su renombre de capital de la cerveza de fermentación baja, es a Gabriel Sedlmayr, propietario de la célebre firma Spatenbräu. Originalmente la *munich* era más oscura, y su sabor de malta más pronunciado que el de la *pils*. En la actualidad existen dos especies: la *dunkel* (oscura) y la *hell* (pálida), que lanzada por la fábrica Paulaner en 1928 ha derrotado casi por completo a la vieja *dunkel*. Sus sabores son muy semejantes, pero los colores difieren.

– *Paulaner Urtyp.* La típica *hell.* Dorada, cristalina, posee una espuma fugaz, un aroma espirituoso, un generoso sabor, un buen amargor sincero y prolongado con tenue matiz de caramelo. Excelente *munich* fuerte y rica.

– *Spaten Dunkel Export.* Apropiado ejemplo de las *munich*. A tener muy en cuenta, y con ella a la correspondiente *hell*, más lupulizada.

– *Augustiner Export.* Amarilla y cristalina, fuertemente malteada, dulce al principio y luego netamente amarga, si bien concluye con una leve acritud. Regusto azucarado.

– *Platzl Spezial.* Producida por la fábrica de la localidad de Aying, es una buena cerveza pálida, muy dulce y sincera. En Munich la aprecian grandemente.

– *Dunkel Spezial.* Notabilísima *munich* sumamente malteada, cobriza, espirituosa, producida en Augsburgo por Riegele, que fabrica toda una serie de cervezas excelentes. Para no perdérsela.

– *König Ludwig Dunkel.* Elaborada en Koltenberg, es una *munich* ambarina, cristalina, dotada de un fuerte aroma de caramelo. Fino sabor con mucha clase, sin fuerza pero con un ligero toque de regaliz.

Lo cierto es que, trátese de Spaten, de Hacker-Pschorr o de Hofbräuhaus, todas las fábricas de cerveza de la ciudad poseen una *munich*. A veces son tan parecidas entre sí que resulta arduo distinguirlas. Hay un tipo muy unificado de *munich*, al cual únicamente la comercialización aporta ligeras diferencias. Ni falta hace decir que el amante de la cerveza deseoso de descubrir cuál es «la mejor» *munich* ha de regalarse un viaje. Ya en la ciudad, no le faltará trabajo, pues en los alrededores de la capital bávara florecen centenares de pequeños fabricantes pueblerinos que han sabido conservar –con mucho más celo que los grandes grupos industriales– la autenticidad de sus crudos malteados, fuertemente constituidos, poseedores de un rebosante aroma de maltas y de lúpulo.

Las «marzenbier»

El bello nombre de «cerveza de marzo» proviene, ya se habrá comprendido, de una necesidad técnica. Originalmente la cerveza sólo se elaboraba en invierno y, por tradición, el último producto del año era el más alcoholizado a causa de que debía afrontar más meses de conservación. En el mes de marzo se recurría a los últimos toneles, que se vaciaban en el curso de libaciones colectivas antes de emprender la nueva elaboración. La virtud de Sedlmayr consistió en mantener estos hábitos a despecho de las innovaciones tecnológicas que permitían fabricar durante todo el año. También en esta rubrica, que abarca cervezas más alcohólicas que las *munich*, el punto de referencia ha de ser obligadamente la firma Spaten.

– *Ur-Marzen Spaten.* Cerveza ambarina, que presenta un equilibrio sobresaliente entre el fuerte gusto malteado y un importante amargor. En nuestra opinión, la representante más destacada de las *marzenbier.*

– *Spezial* de la fábrica Tegernsee. Color amarillo paja y cristalina, muy espumosa, su aroma mediano contrasta con una dulzura espirituosa. Poco amarga, ostenta un bien logrado equilibrio.

– *Schlenkerla Marzen.* Fabricada en Bamberg, es igualmente notable. Soberbio equilibrio entre el alcohol y el sabor malteado. A tener muy en cuenta.

Las fábricas bávaras que producen variedades de *marzenbier* son tan numerosas que resulta imposible citarlas a todas. Sólo una visita a la *Oktoberfest* (Fiesta de Octubre, o de la cerveza) de Munich permite hacerse una idea cabal de la auténtica *marzenbier.* En efecto, la Wies'n Bier («cerveza de la ocasión», es decir, de la fiesta), elaborada para la oportunidad, es más fuerte que la *hell* o la *dunkel* ordinarias y se aproxima muchísimo a las *marzenbier.*

– *Bier-Eiche.* Literalmente «cerveza de encina». Es una especialidad de la fábrica Saarfürst, de Merzig, que al crudo en plena maduración suele añadir unas hojas de dicho árbol. Dorada y cristalina, muy aromática y seca, esta cerveza amarga y un poco acre deja una agradable impresión.

«Bocks» y «dobles bocks»

El *bock* no es de origen bávaro. Nació en la ciudad de Einbeck, en la Baja Sajonia, cuya cerveza gozaba de amplio renombre. Su éxito fue tan considerable en Baviera que los habitantes de la región han acabado por adoptarla como una de sus cervezas, no sin deformar su nombre en *oan-bock* primero, y más tarde en *ein bock.*

En la actualidad la *bock* (*bockbier*) y la *doble bock* son cervezas en la mayoría de los casos oscuras, si bien es cierto que en Munich las fabrican cada vez más claras, y cuyo contenido alcohólico es superior al 6 por ciento.

Conviene aclarar un pequeño problema de terminología. No debe confundirse la *bock* alemana, que designa tanto una clase de cerveza como su recipiente, con el *bock* de los bares franceses y belgas, que es el vaso de cerveza más pequeño que se despacha y como tal ha pasado al vocabulario de muchos países de habla hispana.

¡Uno, dos, tres, y hasta la última gota!
Millones de bocks son ingeridos día a día
por millones de golosos bávaros sedientos.

Grandes «bocks» alemanas

– *Einbecker Ur-Bock*. La *bock* original. Dorada, cristalina, su espuma es llamativamente estable. Profundo aroma de lúpulo, sabor seco, amargor fuerte y tenaz, ligeramente ácido. Buena cerveza amarga, acaso un poco acre.

– *Maximilian Typ München*. Elaborado por Euler en la localidad de Wetzlar, es una *bock* dorada y transparente. Espuma fugaz, muy buen aroma malteado, sumamente dulce, casi azucarado. Es una buena cerveza espumosa y un tanto alicorada, con poca saturación.

– *Kloster Schwarz.* Un crudo de Kulmbach, rojo, cristalino, de perfume turbulento que contrasta con su sabor suave, finamente caramelizado y con regusto a romero. ¡Es sorprendente ver cómo la espuma crece sola!

Las «dobles bocks» alemanas

A fin de que las *dobles bocks* sean más facilmente reconocibles, ciertos fabricantes alemanes han tomado la costumbre de agregar a sus nombres el sufijo *-ator.* Es así que más de cien cervezas llevan esta partícula. Con lo cual estamos advirtiendo además que reseñar la gran diversidad de las «dobles bocks» es tan arduo como llevar a cabo un censo de población.

– *EKU-Kulminator.* Como indica su nombre, es la más fuerte de las cervezas alemanas (12 por ciento de alcohol). Elaborada por Erste Kulmbacher, es un buen crudo de color ámbar rojizo, cristalino, de espuma muy fugaz y aroma de caramelo relativamente débil. Es una cerveza muy espumosa y rotunda, con un leve matiz ahumado. Pese a su elevado contenido alcohólico, no posee el defecto tan corriente de que el sabor de la cerveza quede eclipsado por el del alcohol.

– *Optimator.* Otro gran producto de la cervecería Spaten. Cerveza oscura, de un cobre rojizo, es cristalina, posee una espuma muy cremosa, aroma de malta cocida y sabor caramelizado. Harto seca, con buen post-amargor, fuerte en alcohol y bien saturada.

– *Triumphator.* Una de las grandes *dobles bocks.* Elaborada por la firma Lowenbräu en Munich, es una cerveza rubia oscura y transparente. Su espuma es de lo más abundante y tenaz, su aroma fuerte, afrutado y muy lupulizado. Posee excelente golpe de paladar y un sabor generoso. Excelente cerveza, espirituosa, rica, rotunda y ligeramente áspera.

– *Salvator.* De color castaño con reflejos de rubí, filtrada, detenta un aroma relativamente flojo con un toque afrutado, sabor muy dulce, gusto poco pronunciado y escaso amargor. Cerveza media elaborada por Paulaner.

– *Gustator.* Otra notabilísima *doble bock.* Fabricada en Donaueschingen, es una cerveza dorada, cristalina, de espuma compacta y abundante, con un poderoso aroma de lúpulo y sabor dulce, apenas acaramelado. Es muy generosa y densa. Un gran crudo.

– *Maximator.* Color caoba oscuro, muy espirituosa, presenta un componente de especias y un discreto amargor. Excelente cerveza fuerte.

Existen otras «-*ators*» de gran calidad: la Speziator en Augsburgo, la Delicator de Hofbräu en Munich... Y existen asimismo unas cuantas *dobles bocks* de nombre menos identificable:

– *Quirinus.* Una *doppelbock* oscura de la Alta Baviera. Granate, cristalina, con una espuma compacta, se distingue por su aroma espirituoso y herbáceo y su sabor suave, un poco acaramelado. Muy buena cerveza, fina y generosa.

– *Andechs. Doppelbock* preparada por la fábrica cervecera de un célebre monasterio bávaro, posteriormente secularizado. Rubí oscura, posee un aroma vinoso reforzado por una poderosa lupulización y por su sabor de regaliz quemado.

– *Schäff.* El potente crudo de Treuchlingen. Cerveza bávara de 10°, rubí oscura, cristalina, su fugaz espuma preanuncia un aroma casi vinoso y fuertemente lupulizado, pero deja que la sorpresa la produzca su matiz ácido y un poco áspero, completado por un neto amargor y un gusto acaramelado. Muy embriagadora, sin duda, pero con una pequeña y agradable acritud. (Botella degustada: N.º 177 103.)

Las bocks austríacas

– *Urbock.* El apelativo («bock primigenia») es falso, pero no obstante se trata de una soberbia cerveza fuerte, elaborada por la firma Eggenberg en Vorchdorf. Rubia, ambarina, transparente, con una espuma densa, aroma poderoso (de lúpulo), un pequeño matiz de madera, sabor espirituoso, es muy suave y un poco áspera. Muy buena cerveza pesada y rica.

– *Fest Bock.* De la misma fábrica. Buena cerveza color caoba, cristalina, de aroma vinoso, rotundo y embriagador, con mucho cuerpo y un toque de regaliz. Notable post-amargor atemperado por el alcohol.

– *Ottakringer Bock.* Cerveza de Viena, ambarina, transparente, con un ligero poso, espuma fugaz, aroma notablemente espirituoso, sabor elegante y dulce, matiz especiado e importante amargor. Cerveza *bock* clásica, fuerte y densa, carente de una gran originalidad.

Las especiales

Las «rauchbier» o cervezas ahumadas

Un fogón donde se quema madera de haya. Encima, granos de malta húmedos aún, depositados en fuentes, se impregnan lentamente de una poderosa pero sutil fragancia ahumada y levemente acaramelada. Tal es el secreto sencillo y legendario de una cervecería y taberna de Bamberg, *El León Azul,* cuya paternidad es motivo de disputa aunque la fecha de nacimiento sea harto segura: el año 1678. Trescientos años más tarde, el éxito de la cerveza Schlenkerla sigue asociándose a la gloria de los crudos ahumados de la ciudad. Hoy en día, en Bamberg, cuatro fábricas son depositarias del procedimiento.

– *Schlenkerla.* Elaborada por Heller, firma heredera del León Azul. Caoba oscura, posee una espuma sumamente fina y un aroma de turba muy neto. Su gusto ahumado, que deja un generoso recuerdo, es mucho más fuerte que el de la Zum Spezial.

– *Zum Spezial.* Se trata de una *rauchbier* ofrecida por la cervecería-taberna homónima, y que se degusta en el lugar. De un rojo cristalino, posee una espuma cremosa y un débil aroma que se ve largamente compensado por su sabor sin igual: fino al principio, se amplifica al punto de alcanzar la fuerza de un salmón ahumado. Llena la boca sin llegar nunca a empastarla. ¡Una joya!

– *Kaiser Dom.* Entre las cuatro que aquí se mencionan, la de menos solera, acaso porque la Burgenbräu se pasó a la gran producción. Rubí oscura, su perfume y su sabor evocan más los de la malta ambarina que el ahumado propiamente dicho. Ligera y «fluida», casi uniforme, sobrelleva mal la comparación con las demás.

– *Lowenbräu Rauchbier.* Muy parecida a la anterior, aunque de ahumado más fuerte.

Pero si el corazón de las *rauchbier* está en Bamberg, ello no impide que toda la región aledaña ofrezca excelentes cervezas ahumadas.

– *Franken Rauchbier.* Color rubí, cristalina, esta especialidad de la fábrica Weiss-Rössl posee una espuma fugaz, un aroma y un sabor consistentes, y desde luego ese ahumado dominante que la hace casi «oleosa», agradablemente suave e inolvidable.

Y ya que estamos en los alrededores de Bamberg, no abandonemos la región sin haber citado otra especialidad, cercana a la de las ahumadas: las cervezas quemadas, o más bien tizoneadas mediante la inmersión en el mosto de piedras calentadas al blanco. Estas *steinbier,* elaboradas por la Rauchenfels en Neustad, están hechas a base de candeal. El procedimiento, y sobre todo el característico sabor que de él resulta, le dan no obstante un sitio en este apartado.

– *Steinweizen.* Un típico ejemplo de *steinbier.* Caoba oscura, transparente sobre poso, de aroma débil y sabor sorprendente, ahumada y quemada a la vez, la presencia de una ligera acritud arroja el resultado de un todo muy armonioso. Estupenda.

Las cervezas aromatizadas

En caso de que no se aromatice la malta para perfumar la cerveza, se puede aromatizar el mosto antes de la fermentación. Tal es el caso de un gran crudo danés, elaborado en el norte de Jutlandia, que debe su fragancia en partes iguales al lúpulo y al *myrica gale* o mirto de Brabante.

– *Purse Guld.* Dorada, cristalina, de delicada espuma abundante. Su fino aroma, perfumado, contrasta con una cierta sequedad gustativa y una ligera aspereza final sin amargor. Es su riqueza aromática la que finalmente se impone. Magnífica cerveza dulce y perfumada, desafortunadamente muy local. Fabricada en Thisted.

También es posible perfumar la cerveza añadiendo aromatizantes cuando ya está en las cubas de reposo. Ciertas fábricas bávaras hacen reposar la cerveza con cenizas de encina, que le otorgan un matiz de lo más delicado. Pero incluso sin la ayuda de otro aromatizante que el lúpulo, una cerveza puede revelarse extremadamente perfumada.

– *Hancok Bier.* Otra danesa, de color rubio cobrizo, cristalina, fuertemente aromática, dulce y rotunda, con un discreto amargor que acaba en leve aspereza. Un producto fino y sutil, muy recomendable.

Agreguemos que, en el dominio de las cervezas bajas especiales, la empresa alemana Mössingen fue la primera en proponer un crudo a base de cebadas biológicas.

– *Vitalis.* No pasteurizada, color albaricoque turbio, casi uniforme. Aroma muy dulce, matiz afrutado, pero con una lamentable falta de cuerpo. Cerveza de buena calidad biológica pero de mediocre calidad gustativa.

Una francesa muy especial

– *Bière du Démon.* Cerveza elaborada por Enfants de Gayant en la localidad de Douai. Es una buena bebida dorada, de aroma picante y muy alcohólico y sabor sumamente «cálido», y luego suave. Poco amarga, goza de un notable equilibrio para una cerveza tan fuerte (12 por ciento de alcohol en volumen y un tiempo de reposo de tres meses).

Su prima suiza, sin duda, la supera:

– *Samichlaus Bier* o cerveza de San Nicolás, que presenta un 14 por ciento de volumen alcohólico: el récord mundial para las cervezas de cebada. Acaobada y cristalina, de espuma fugaz, su poderoso aroma acompaña unos sabores muy ricos, espirituosos a más no poder y muy consistentes. Pesada y fuerte, pese a ello sigue siendo muy recomendable.

...Y muy por detrás, una pequeña especial belga, de la cual se obtiene la enseñanza de que es inútil correr tras la graduación cuando el sabor no está a la altura:

– *Loburg.* Presentada por Stella Artois en la plenitud de su color rubio y su transparencia. Sutil aroma que permite adivinar la levadura, sabor dulce y espirituoso, un toque de especias y un post-sabor netamente alcohólico. No obstante se le puede reprochar, tratándose de una cerveza fuerte, la ausencia de fuerza propia.

Las Dortmunder

Es imposible dejar de mencionar una de las capitales alemanas de la cerveza, la ciudad de Dortmund. Por más que el tipo de cerveza local se vea cada vez más abandonado por los fabricantes en provecho de la *pils,* sigue tratándose de una cerveza original, suerte de compromiso entre los crudos muy malteados del sur y de Baviera y las cervezas muy lupulizadas del norte alemán.

– *Dortmunder Kronen Export.* La cerveza que deben ustedes degustar para saber cómo es una auténtica *dortmunder.* Dorada, con fuerte aroma de malta, es una magnífica cerveza dulce, con un ligero toque herbáceo, «fresca» y delicada.

– *Dab.* Seguramente la más célebre. La fábrica, que es la mayor del país, exporta una parte muy considerable de su producción. Su *dortmunder* es un buen producto dorado, de sabor de malta. Es relativamente seca, aunque redondeada y «fluida».

Las cervezas «Light»

Nacido en los Estados Unidos, este tipo de cervezas está comenzando a introducirse en el mercado europeo. Todos los grandes grupos cerveceros poseen ya al menos una *light* entre su gama de productos. Bebida ligera, que aplaca la sed, muy poco densa, su volumen alcohólico es muy débil, pero también es débil su sabor. En gran medida su éxito se debe a un prolongado malentendido en torno a la cerveza: mientras que la auténtica haría engordar, la *light* conciliaría el placer de beber con las obligaciones dietéticas.

Dado que quita la sed por ser tan poco alcohólica, la *light* gana mucho cuando uno la bebe bien helada: en ese caso su sabor tiene poca importancia. Pues el caso es que una buena cerveza, incluso si se trata de una *pils,* nunca debe beberse helada: es la muerte del bouquet. Con la *light* este problema no existe.

Daremos de todos modos algunos nombres. *Busch,* por ejemplo, junto a la cual *Budweiser* y *Michelob* representan el papel de especiales dentro de la producción de Anheuser-Busch. Al mismo criterio de ligereza responden *Schlitz, Miller, High Life* y *Coors Light.*

Señalemos que, con algunas excepciones honrosas, las cervezas norteamericanas que se venden bajo las denominaciones de *porter, old ale, cream ale,* etc., no suelen ser sino *lagers,* es decir, cervezas de fermentación baja sin relación alguna con aquellos crudos que tales nombres designan en Gran Bretaña.

Las cervezas de fermentación espontánea

El único país europeo que sigue elaborando industrialmente esta clase de cervezas es Bélgica. Pero lo cierto es que en la actualidad su producción se limita a una zona de 15 kilómetros en torno a la ciudad de Bruselas.

Se da a estos crudos el nombre de «cervezas de fermentación espontánea» porque el mosto no recibe el añadido de levadura alguna, generando él mismo, en contacto con el aire, los gérmenes responsables de la fermentación. La compleja flora leudante que entonces hace aparición no se encuentra en estado natural sino en la región de Bruselas. Entraña una fermentación que puede durar hasta cuatro años y se caracteriza por una fuerte acidez, una transformación casi completa de los azúcares y la aparición de un bouquet específico, rápidamente reconocible.

Lamentablemente, los procedimientos de fabricación son sumamente costosos a causa de la lentitud, y sobre todo de la irregularidad de las fermentaciones y de las calderas estropeadas, perdidas o mal hechas.

La fabricación del «lambic»

El *lambic* no se hace solamente con cebada. Esta cerveza está compuesta de un 35 por ciento de candeal, un 65 por ciento de malta de cebada y un pequeño añadido de lúpulo, de unos 2,5 kg por cada 100 (en ocasiones el candeal se reemplaza por maíz o por arroz). Los lúpulos son añejos, es decir que han perdido su amargor, el cual podría destruir el sabor ácido del *lambic.*

El *lambic* sólo se elabora durante los meses de invierno (del 15 de octubre al 15 de mayo) por miedo a los accidentes –como la putrefacción– y a que el calor promueva una fermentación excesiva. Se conserva en barriles en encina o de castaño con una capacidad de 250 litros, en toneles de 650 litros y en cubas de 3000 litros. Cada recipiente lleva inscrita la fecha de fabricación. Al cabo de tres días la fermentación comienza. Un papel importantísimo lo desempeña la temperatura ambiente: una fermentación regular atenúa la intensidad del *lambic* en un 80 por ciento tras el primer verano y casi por completo una vez transcurrido el segundo.

El *lambic* es una cerveza uniforme que prácticamente puede beberse tal cual. Su regusto varía del láctico pronunciado al suave perfecto.

A mitad del siglo pasado, de 100 kg de materias primas el fabricante podía obtener un tonel de *lambic* y otro de cerveza de marzo, o sea 500 litros de bebida en total. El *lambic* de 5,5 ° a 6 ° era el producto de las primeras aguas de fermentación, en tanto la cerveza de marzo (3 °) provenía de las últimas infusiones de la caldera, menos densas y más baratas. Finalmente se preparaba el *faro,* una bebida mitad *lambic,* mitad cerveza de marzo.

Hoy en día el *faro* no se fabrica más a partir de la cerveza de marzo. Se trata en cambio de un lambic de un mínimo de 5 grados, edulcorado al azúcar cande y a veces cortado con agua para atenuar el contenido alcohólico.

Por lo demás, existen dos conocidos derivados del *lambic*: la *gueuze* y el *kriek-lambic.*

La «gueuze»

Cuenta una historia que la *gueuze* vio la luz en Lembecq, una pequeña localidad de los alrededores de Bruselas que siempre se había beneficiado de un privilegio capital: hasta 1860 los fabricantes de cerveza no pagaban derechos de sisa sobre sus calderadas. Hacia 1870, el burgomaestre de Lambecq, propietario de una elaboradora, contrata los servicios del ingeniero Cayaerts. Juntos intentarán aplicar al *lambic* las técnicas de fermentación en botellas que ya había superado sus pruebas en Champagne. Es así como nace la *gueuze* embotellada, una cerveza moderna tan explosiva que el tapón debe asegurarse para evitar que los grandes calores lo hagan saltar. La historia añade que la invención recibió el nombre de *lambic de chez le gueux* («cerveza de los mendigos») debido a que el burgomaestre de marras era conocido por sus ideas liberales que recordaban a las del «partido de los mendigos», heredero del que en 1566 fundaran los calvinistas en Flandes. Pronto el «lambick du gueux» se convertiría en *gueuze* a secas.

Kriek-lambic

Se trata de un *lambic* coloreado y aromatizado con cerezas. A fines de julio se vierten cerezas de las llamadas de Schaerbeek en los toneles de *lambic,* a razón de 50 kg por cada 250 litros de cerveza. Estas cerezas se macerarán en el líquido hasta Navidad (entre 4 y 8 meses), hasta que los frutos se transforman por completo.

Hace ya mucho tiempo que en Schaerbeek –en los suburbios de Bruselas– no hay cerezos. Los fabricantes de cerveza utilizan pues las cosechas del valle del Senne o se proveen de cerezas de rabillo corto en el norte de Francia.

Si bien el *kriek-lambic* mejora al envejecer, no resulta en absoluto aconsejable conservarlo durante un tiempo exagerado (en ningún caso durante más de cinco años), pues de lo contrario adquiere un contenido alcohólico demasiado fuerte que ocultará el característico sabor a cerezas.

Sobre todo es preciso no confundirlo con el *kriek (o krieken-bier),* obtenido a partir de la maceración de cerezas en una cerveza de fermentación alta.

En cuanto a la llamada *frambozenbier* (de 6° a 7° de contenido

Bien se ve que hay
«gueuzes» y «gueuzes»

La denominación gueuze *está mal protegida. Lo que se bebe en Bruselas corrientemente no tiene casi nada que ver con las* gueuzes *de exportación. Sin embargo, desde 1965 una orden real reglamenta en Bélgica las denominaciones* lambic, gueuze *y* gueuze lambic.

Todas ellas han de ser cervezas de fermentación espontánea; deben tener como mínimo un 30 % de candeal y las cantidades utilizadas están inscritas en un registro controlable por el ministerio; el mosto debe alcanzar al menos 5°, con una tolerancia máxima del 5 %; el recipiente debe llevar el nombre del productor, con la indicación de la localidad correspondiente, y sólo puede utilizarse alguna de las tres denominaciones protegidas.

No obstante, esta reglamentación sigue siendo imprecisa y deja demasiado lugar a interpretaciones variadas, en especial en lo concerniente a la fermentación espontánea. Por otra parte, aunque se refiera a lambics *y* gueuzes, *de hecho sólo estabiliza la fabricación de las primeras. En ningún momento alude a los cortes que conducen a ese producto derivado que es la* gueuze.

Hay, por lo tanto, gueuzes *y* gueuzes: *la producción de una cerveza de saturación natural, de una* gueuze *con poso de levadura, puede incitar al fabricante a economizar controlando la fermentación, acortando el reposo o llamando* gueuze *a una* lambic *joven.*

alcohólico), es una prima hermana del *kriek-lambic* que se obtiene reemplazando las cerezas por frambuesas.

No hace falta decir que las frutas no están presentes para enmascarar la insuficiente calidad del *lambic;* muy al contrario: para ser un gran fabricante de *kriek-lambic,* antes es menester ser un buen cervecero en general. Es gracias a este requisito, por ejemplo, por lo que Cantillon posee un soberbio *kriek-lambic* natural, con buen gusto a fruta, en el cual la acidez del *lambic* se ve mitigada por la dulzura de las cerezas.

Lamentablemente, los menos buenos de estos crudos detentan un sabor a cerezas «artificial», a causa de que los fabricantes emplean un mosto importado que entraña una maceración diferente e influye sobre el aroma final.

Las grandes «gueuzes»

– *Mort Subite.* Elaborada para la familia Vossen por De Keersmaeker, de la localidad de Kobbegem. Es menester no confundir esta excelentísima *gueuze* con otra fabricada por Bellevue, que por doquier se encuentra en botellas.

A principios de nuestro siglo Théophile Vossen, un cortador de *lambics,* compra una fábrica de cerveza en Bruselas. Alrededor del año 1910 comienza a regentar un pequeño bar, *La Cour Royale,* cuyos clientes son corredores, agentes de bolsa y empleados de agencia de cambio que trabajan en los alrededores, en la Banca Nacional, en el «Echo de la bourse» y «La Nouvelle Belgique». En aquel entonces las operaciones bancarias no eran tan rápidas como hoy en día, y la gente debía sacar número de espera. Para distraer la espera, los agentes de bolsa jugaban a un juego de azar (semejante al que actualmente se conoce en Francia como «4-21»), que de vez en cuando condenaba a alguno de los participantes a quedar súbitamente fuera de concurso y perder su sitio frente a la ventanilla. A tal situación se le daba el nombre de «mort subite» (muerte súbita).

Vossen no vacila en apropiarse de la expresión y de esa manera vuelve a bautizar su establecimiento. Expropiado en 1926, se traslada a la Rue Montagne-aux-Herbes, donde sin embargo conserva su viejo cartel. Es únicamente en ese local donde hoy en día pueden degustarse su *gueuze* Mort Subite y un *faro* de la casa, particularmente dulce.

– *Mariage Parfait.* Fabricada por Boon, en Lembeek, esta *gueuze* sumamente «brute» es de una elaboración cuidadísima. De color albaricoque, turbia, con una espuma abundante y un aroma amaderado y verde, es una cerveza picante, de acidez casi excesiva, muy amarga, de gusto rasposo.

– *Cantillon.* Una *gueuze* ambarina, turbia, casi lacia. Poderoso perfume ácido y afrutado, sabor muy seco, gran aspereza. Notable equilibrio entre el componente ácido y el afrutado. Esta magnífica *gueuze* sólo puede saborearse en la *brasserie* Cantillon, que la fabrica siguiendo métodos ancestrales. A partir de 1978, un museo de la *gueuze* abierto del 1 de octubre al 3 de abril, durante el período de fabricación, permite tomar contacto con las arduas labores del auténtico fabricante de *lambics.*

– *Girardin.* La otra gran *gueuze* de Bruselas, elaborada en Saint-Ulriks-Kapelle. Cerveza extraordinaria, que es imperativo degustar, aunque para ello haya que ir hasta la zona.

– *De Troch.* Esta pequeña fábrica familiar, creada en 1830 en Wambeek, posee una digna *gueuze* dorada, floja, muy poco amarga, poco densa y con un ligero regusto a madera.

– *Eylenbosch.* La empresa Schepdaal posee una Spanik Gueuze-Lambic que, pese a ser poco conocida, nosotros recomendamos. Enteramente filtrada, ambarina, ostenta un perfume ligero y un sabor muy rico y equilibrado.

– *Lindemans. Gueuze* cobriza, filtrada y límpida, bastante uniforme. Extremadamente afrutada, agradable y de aroma poderoso. Sabor primero dulce, luego rasposo. De gran calidad pese a su importante comercialización.

– *Gueuze Foudroyante.* Dorada, límpida, bastante uniforme, afrutada, suave y muy ligeramente amarga. Regusto equilibrado. Parecida a la Lindemans, es más equilibrada y menos astringente.

– *Belle-Vue*. Esta firma representa el 80 % del mercado de la *gueuze* en Bélgica. La importancia de la producción y los controles técnicos que necesita hacen de ella un producto muy diferente y muy alejado de los anteriores. Sirve para hacerse una «idea» de la *gueuze*.

– *La Bécasse*. Producida por el grupo Brabrux, dorada y filtrada, es una *gueuze* uniforme, poco afrutada y sin cuerpo. No tiene nada en común con la que expenden en el café La Bécasse, de Bruselas, que por su parte sí resulta muy recomendable.

– *Sant-Louis*. Una originalidad en sí misma. Elaborada por Van Honsebrouck en Ingelmunster (Flandes), es filtrada y embotellada al cabo de dos años a buena distancia de Bruselas y de Brabante. Su calidad es la de un producto comercializado a gran escala.

Selección de cerezas antes
de echarlas a las cubas de lambic,
donde se macerarán hasta la
obtención del kriek-lambic.

Un arte de vivir

En cada habitación de la casa hay un sitio para la cerveza. Si la primera vocación de nuestra bebida es, a no dudarlo, la de ser paladeada en la comodidad del salón, su fabricación familiar conduce al terreno de la gastronomía y le otorga pleno derecho de ciudadanía en toda cocina digna de su nombre. Placer de los sentidos, la cerveza posee asimismo virtudes curativas que hacen de ella un auxiliar médico desatendido, pero no obstante eficaz, en la farmacia hogareña. Y, si bien la botella puede parecer un sacrilegio puesta en medio de la biblioteca, la ebriedad del fenómeno literario no está del todo desvinculada de la historia de la cerveza. Para convencerse de ello basta leer las estimulantes páginas de aquellos escritores fascinados por esta bebida, de los cuales nosotros no deseamos ser sino humildes discípulos.

La cerveza: cómo utilizarla

Las cervezas elaboradas para proporcionar placer, no sólo para apagar la sed, no están hechas para ser rápidamente deglutidas al filo de un mostrador. Los verdaderos crudos se degustan con los ojos, la nariz y la boca.

En primer lugar los ojos...

Vertida en el vaso con ademán franco, la cerveza ofrece a la mirada su color, su espuma, su transparencia.

Su vestimenta exhibe una paleta muy amplia, que va de lo claro a lo oscuro atravesando todas las gamas del amarillo, el rojo y el naranja:

– amarillo pálido, amarillo oscuro, amarillo verdoso, amarillo paja, topacio, dorado pálido, leonado, cobrizo, ámbar, castaño, caramelo;

– rojo claro, rojo oscuro, rojo cereza, rojo grosella, rojo ladrillo, rubí, rubí quemado, bermellón, borravino, ocre rojizo;

– naranja, albaricoque, caoba, rojo anaranjado, canelo, acastañado.

Incluso las cervezas castañas se presentan sombreadas de tonalidades rojas que van del castaño rojizo o rubí hasta el ébano de las *stouts* (que en los países de habla hispana se llaman «cervezas negras»).

La espuma se define por su textura y su duración. Textura espumosa (*weisse*), tupida (cualquier buena *pils*), compacta (*trapense*), cremosa (*stout* irlandesa). Duración fugaz (*faro, gueuze,* blanca), media, prolongada (la espuma de la Guinness se mantiene hasta el fin del vaso). Una espuma tupida y de duración media se adhiere al borde del vaso y deja una huella cada vez que el bebedor lo vacía. Una espuma demasiado compacta, que parezca flotar por encima de la cerveza, tiene todas las posibilidades de haber sido estabilizada artificialmente. Para asegurarse de que esto es así, aparte antes un poco con una cuchara metálica: si la espuma se mantiene al cabo de una hora, ¡allí ha habido una ingerencia artificial!

Frente a la mirada, por fin, la cerveza puede ser opaca, turbia (a causa de las levaduras en suspensión), velada (si se trata de un crudo no filtrado), transparente, límpida (muy filtrada), cristalina (ultrafiltrada). Evidentemente, hay turbiedades y turbiedades. Una cerveza refermentada y escanciada hasta el poso se verá enturbiada por sus propias levaduras. Esta turbulencia, sin afectar en absoluto su calidad, le conferirá una ligerísima acritud. Por el contrario, la turbiedad de una cerveza «revuelta», oxidada, suele delatar los defectos del producto. Y también puede ocurrir que se vele la cerveza brutalmente refrigerada, pues el frío provoca turbiedad coloidal.

... a continuación la nariz...

Al oler la cerveza se aprecia antes que nada la fuerza y la intensidad de su aroma, en seguida su calidad (muy fina, distinguida, ordinaria o grosera), y por último su carácter. El verdadero *amateur* distingue al instante los componentes primeros: ligero escozor producido por el gas carbónico, profundo aroma de la malta (el mismo que flota en el ambiente de toda fábrica cervecera), a la vez dulzón y penetrante, fragancia de lúpulo (que tanto recuerda a la del queso como a la de la paja húmeda), y presencia del alcohol, ligera o persistente según el contenido de la variedad.

Cualquier cerveza que se encuentre más allá de lo corriente reclama un olfato más atento. La fermentación secundaria da como resultado un bouquet ligero en el cual se adivina el perfume de la levadura, un tanto acre y herbáceo. Las *stouts* llaman inmediatamente la atención por su aroma a caramelo quemado. Las cervezas de candeal exhalan un bouquet afrutado, en algunas ocasiones seco (Baviera) y en otras un poquitín ácido (Berlín). Las *gueuzes* atemperan su acidez con un dulzor acaramelado. Las trapenses ven enriquecida su fragancia de levaduras por perfumes de hierbas y de especies.

Las gamas aromáticas son casi infinitas: en un caso añaden al conjunto un remoto matiz de madera, en otro un mordiente láctico, en otro más un franco aroma de cerezas e incluso de frambuesas.

¡Todo un mundo olfativo por descubrir!

...y por último la boca

Veamos si esta cerveza de perfumes tan exóticos cumple las promesas formuladas. El primer sorbo despierta la lengua y «humedece» las papilas. ¿Cúal es su impresión, lector? ¿Muy agradable, placentera o mala? Probemos con el segundo sorbo. La cerveza puede ser más o menos dulce: azucarada, dulce, seca, «brute». También puede ser más o menos suave: llena la boca sin agresividad alguna, condensando armoniosamente las diversas sensaciones.

Sensación dulce de malta, eventualmente de granos crudos (arroz, maíz) y de caramelo. Sensación amarga provocada por el lúpulo, duplicada por una punta de acidez y otra de aspereza si la lupulización ha sido en exceso pronunciada. Fondo ligeramente salado, según sea la calidad del agua.

Estos gustos primarios siempre se ven matizados por una gama de sabores característicos. Aquí resaltan la delicadeza del malteado y la lupulización de una Pilsen Urquell, el relativo dulzor de una *munich,* el sabor mediocre de una *pils* ordinaria. Aquí es donde una trapense se torna espirituosa: decenas de tonalidades especiadas se arremolinan en el paladar. La *gueuze,* sin embargo, no tarda en liberar su mordiente ácido y áspero, su astringencia vinculada con el añejamiento en cascos de madera. Una blanca berlinesa excita los bordes de la lengua, pica y estimula. La *stout,* por el contrario, aun cuando sólo podamos apreciar unos sabores aparentemente gruesos, deja asomar por detrás sus destellos consistentes en sutilezas de anís y regalices. En cuanto al afrutado de ciertas cervezas de abadía, ningún aficionado cabal podrá por menos de percibirlo.

Es a través de la riqueza, el equilibrio y la fineza de su sabor como una gran cerveza deja su impronta. El franco amargor, reforzado por el matiz de caramelo quemado, de una *stout* puede provocar rechazo en ciertos paladares. ¡Al fin y al cabo es una cuestión de afinidades! Pero una cerveza bien tipificada, «clásica», en ningún caso puede decepcionar. Es una suerte que no complazca a todo el mundo, por otra parte, pues de lo contrario correría el riesgo de tener el perfil universal de las bebidas carbónicas azucaradas. Las *light* americanas no se hallan muy lejos de este gusto standard.

Cómo se sirve la cerveza

Poco importa el recipiente empleado, siempre y cuando cumpla con las siguientes condiciones:

– Estar perfectamente limpio, sin el menor rastro de materias grasas. La grasa entorpece el sabor pero sobre todo hace caer la espuma. Si las paredes del vaso están grasosas, verá usted a la espuma fundirse como si fuera nieve y a sus burbujas aumentar de tamaño hasta hacerla parecer espuma de la colada.

¿Y cómo se verifica la limpieza del vaso? Colocándolo bajo el chorro de agua para después examinarlo. Un vaso exento de grasas retiene el agua en sus paredes en una película continua. Sobre una pared grasosa, el agua no se adhiere sino en forma de gotas discontinuas. Existen, desde luego, detergentes especiales, aunque mucho mejor es destinar algunos vasos especialmente a la degustación de la cerveza, no beber nunca en ellos leche ni otros líquidos grasos, y enjuagarlos siempre con abundancia.

– Poseer una capacidad, espuma incluída, bien relacionada con la botella del caso. Contrariamente a lo que se dice por ahí, la cerveza *hay que servirla con espuma.* Aparte del aspecto visual, la espuma protege la bebida del contacto con el aire. Por lo demás, la cerveza que no se haya hecho espumear se revelará en exceso gaseosa, demasiado chispeante.

– Adaptarse a las dos grandes categorías europeas. Una cerveza de fermentación alta, servida a una temperatura de entre 12 ° y 16 ° C, exhala mucho aroma; por lo tanto el vaso ha de ser abierto para permitir que el bouquet se exprese. Una cerveza de fermentación baja que se sirva fresca (6 °-8 °C) no será tan aromática y, por el contrario, podrá resentirse más de la oxidación y el recalentamiento: le convendrá, pues, un vaso más estrecho. Para cada regla su excepción, no obstante: las *kölsch,* aunque altas, han de servirse frescas, en las tradicionales copas.

Las jarras de gres garantizan una mejor protección térmica y protegen al precioso líquido de los destructores efectos de la luz. Pero esta medalla tiene su reverso: esas jarras impiden al bebedor deleitarse con los reflejos coloreados y los efectos de la transparencia. Todo depende, claro, del lugar y del entorno, ¡de que uno se encuentre en la *Oktoberfest* o en la soledad de su sala!

¿*Una bodega de cerveza?*

En su gran mayoría las cervezas se conservan difícilmente y llevan todas las de perder en el proceso de envejecimiento en bodegas.

Quedan aparte las cervezas fuertes; pero aunque el contenido alcohólico sea un factor de conservación, estos crudos acaban por madurar poco a nada. Están, por fin, las cervezas refermentadas. Las levaduras absorben el oxígeno del cuello de la botella y aseguran a la vez la protección contra el óxido y un mejor envejecimiento. De este modo la cerveza se afina, pierde su azúcar, y gana en alcohol y compuestos aromáticos. Es así como puede nacer el prestigioso bouquet de una trapense, la buena aspereza de una *gueuze* o el consistente sabor de un crudo de abadía. Estas cervezas deben conservarse en bodegas frescas, acostadas las botellas en el caso de las *gueuzes* con tapón (todas las auténticas los llevan), de pie en los casos restantes. ¡No olvidemos que una Chimay o una Orval pueden convertirse en auténticos néctares al cabo de cinco años!

Recetas para beber...
y para comer

Combinados con cerveza

Burton soda

En un vaso grande, verter a partes iguales media botella de *ale* (preferentemente una *ale* seca) y el resto de *gingerbeer*. Servir fresco.

Milk-ale

Calentar 1 litro de *ale* (sin llevar a punto de ebullición), añadir una cucharadita (de café) de azúcar, una pizca de jengibre en polvo y otra de nuez moscada. Mientras tanto, hervir un litro de leche entera. Vertirla hirviendo sobre la *ale* y mezclar. ¡Un soberbio reconstituyente!

Ale flip

En una coctelera, verter una botella de *ale* en un poco de hielo picado. Añadir un huevo y mezclar y agitar vigorosamente. Servir bien frío.

Joao weisse

En una jarra, verter una botella de *weissebier* (cerveza de candeal), una cucharada sopera de oporto rojo y una cucharita (de café) de azúcar en polvo. Añadir un poco de hielo picado y remover suavemente. Antes de servir, sazonar con una pizca de nuez moscada.

Island grog

En una cacerola pequeña, calentar una *pils* con cuatro cucharaditas (de las de café) de azúcar en polvo y una cucharada sopera de ron blanco. Retirar del fuego justo antes de la ebullición. Servir muy caliente.

Toast-ale

Calentar hasta que rompa el hervor 1 litro de buena *ale* en la cual previamente se ha disuelto una cucharadita (de café) de jengibre en polvo. Mientras tanto, tostar por ambas caras una rebanada de pan seco y ponerla en un cántaro. Verter la *ale* muy caliente y dejar que se enfríe antes de servir. Excelente bebida para los inviernos rigurosos.

Champaña irlandés

Llenar hasta la mitad un vaso grande con *stout* Guinnes o cualquier otra *stout* amarga, y completar añadiendo lentamente champaña u otro vino blanco espumoso.

Irish Picon

En un vaso grande, colocar un cubito de hielo, luego dos chorros de jarabe de granadina y por fin una medida de Amer Picon. Verter lentamente la *stout* Guinness fría y añadir una rodaja de limón.

Madureira

En un vaso grande, verter una botella de buena *pils* y añadir luego una medida de vino de Madeira. Servir frío.

Honeybeer

En una cacerola, calentar una botella de *ale*. Retirar del fuego antes de que rompa el hervor. Añadir una cucharada sopera de buena miel y remover lentamente para que se disuelva bien. Servir bien caliente.

Elaboración a domicilio

Para 10 litros de buena cerveza: 10 litros de agua, 300 g de cebada malteada, es decir germinada y levemente tostada (se puede intentar conseguirla en la fábrica de cerveza), 1 kg de azúcar en polvo cristalizado, 25 g de conos de lúpulo, 10 g de sal, 10 g de granos de cilantro, 2 g de cola de pescado (optativo).

En un cazo grande, calentar la harina de cebada en 2 litros de agua durante alrededor de media hora. No permitir que la temperatura sobrepase los 50-60 °C. Al cabo de 30 minutos, añadir los conos de lúpulo, los granos de cilantro y la sal. Llevar a ebullición, luego retirar del fuego y pasar por el tamiz. Añadir entonces el azúcar.

Una vez el azúcar se haya fundido enteramente, verter todo en un pequeño tonel y cubrir con los 8 litros de agua restantes. Diluir en un vaso de agua 25 g de levadura y añadirlo a la cerveza. Remover enérgicamente la mezcla con una cuchara grande de madera y dejar fermentar, inclinando ligeramente la piquera del tonel para que fluya la espuma formada por la fermentación. Con la ayuda de una cazuela, recuperar la espuma y volver a verterla en el tonel.

Cuando haya acabado la fermentación (es decir, cuando la cerveza ya no produzca espuma), dejar enfriar durante diez días. A fin de aclarar la cerveza, se pueden añadir 2 g de cola de pescado que previamente se habrá fundido en un poco de agua removiéndola sin cesar. Dejar reposar aún dos días más y verter en botellas.

Dado que la cerveza se conserva mal, mejor no olvidar las botellas en la bodega; por otra parte conviene mantenerlas alejadas de la luz.

Ale

1 tonel de 20 á 25 litros
3,5 kg de malta (cebada germinada y tostada)
100 g de conos de lúpulo fresco
700 g de azúcar cristalizado
700 g de una mezcla de cilantro y pimienta

Llenar el tonel virtiendo sobre los ingredientes un agua lo más pura posible. (Desde luego, lo ideal es que sea agua de lluvia.) Dejar fermentar durante tres semanas, y luego pasar el liquido a botellas antes de que la fermentación acabe por completo. Filtrar y taponar con cuidado porque la mezcla es explosiva.

Ale familiar

Para 30 á 35 litros de ale:
6 kg de malta
60 g de conos de lúpulo
100 g de levaduras

Poner la malta a macerar en 15-20 litros de agua. Llevar la mezcla a una temperatura de unos 60 °C, y luego apartar esta primera sopa. Hacer una segunda, y luego una tercera, de 12 a 15 litros cada una. Mantenerlas a 75 °C por 5 horas. Mezclar entonces las tres sopas con la precaución de retirar la harina de malta, concentrarlas luego por ebullición y añadir por fin los conos de lúpulo. Dejar enfriar, y a continuación verter el líquido en un tonel añadiendo la levadura. Dejar que fermente de 2 á 3 semanas.

Kwasz ruso

> *1 kg de pan de centeno sentado*
> *200 g de harina compuesta*
> *250 g de azúcar blanco*
> *15 de levadura*
> *50 g de uvas pasas o un manojo de hojitas de menta*
> *10 litros de agua*

Preferentemente el *kwasz* se prepara en verano, pues su elaboración reclama temperaturas cálidas y su sabor naturalmente acidulado lo convierte en una bebida muy refrescante.

Asar las rebanadas de pan sentado, aplastarlas y desmenuzarlas.

En una olla grande, verter 8 litros de agua. Añadir el pan y llevar la mezcla a ebullición.

Aparte, preparar un caldo con la harina y 2 litros de agua. Hervir.

Verter el caldo hirviente en la olla y retirarla del fuego. Conservar en un sitio tibio al menos durante 24 horas.

Al día siguiente, después de que la mezcla se haya entibiado (alrededor de 20 °C), añadir la levadura diluida en medio vaso de agua y remover enérgicamente con una cuchara grande de madera. Dejar fermentar a temperatura ambiente durante otro día.

Resta todavía filtrar el *kwasz*, para luego verterlo en botellas previamente hervidas, en las cuales se habrán puesto algunas uvas pasas o unas cuantas hojitas de menta. Antes de taponar cuidadosamente las botellas, colocar en cada una 25 g de azúcar. Guardarlas en un lugar fresco de 3 á 4 semanas.

Cerveza de centeno

> *Para 50 litros de cerveza:*
> *7 á 8 kg de centeno en granos*
> *250 g de levadura de cerveza*
> *40 litros de agua*

Hacer germinar el grano esparciéndolo sobre una superficie

plana y rociándolo con agua tibia para mantenerlo en una humedad constante, pero cuidando de que no se eche a perder. Remover al cabo de diez horas y dejar luego que siga germinando. Una vez que los gérmenes hayan alcanzado 1 cm de longitud, ponerlos junto con la levadura en un tonel de 50 litros de capacidad. Verter encima 20 litros de agua muy caliente, pero no hirviendo, y remover luego con la ayuda de un batidor o una cuchara grande de madera. Al día siguiente, agregar otros 20 litros de agua caliente (casi hirviendo) y remover enérgicamente (esta acción es el braceado propiamente dicho).

Al tercer día, acabar de llenar el tonel con agua caliente, tapar y dejar que la mezcla fermente durante 5 días. Al cabo de ellos se tendrá una buena cerveza, sana y restauradora, que será menester beber antes de que pase mucho tiempo (quince días en verano, tres semanas en invierno).

Cerveza de salvado

> *1 kg de salvado*
> *500 g de jarabe de fécula*
> *15 g de levadura*
> *10 litros de agua*
> *50 g de lúpulo*

En una olla grande, colocar el salvado y 10 litros de agua. Poner la olla al fuego llevando lentamente a ebullición y dejar hervir durante 2 horas más o menos. Pasar por el tamiz y añadir luego el jarabe. Dejar que la temperatura se mantenga a 65 °C durante una hora. Verter entonces el lúpulo y hervir nuevamente durante 2 horas más. A continuación, enfriar la mezcla lo más rápido posible. Una vez esté tibia, agregar la levadura previamente diluida en medio vaso de agua. Verterla en un barrilito y dejar fermentar durante quince días. Es preferible tener el barrilito colgado; de este modo se puede colocar debajo una cubeta, recuperar la espuma y volver a añadirla a la cerveza. La fermentación se considera acabada cuando la mezcla deja de segregar espuma.

Cerveza rápida

> *Para 10 litros de cerveza:*
> *500 g de melaza*

30 g de conos de lúpulo bien maduro
25 g de levadura

Sobre un fuego intenso, llevar a ebullición 2 litros de agua y hervir en ella el lúpulo durante media hora. Retirar luego el lúpulo empleando el colador. Disolver la melaza en el agua de la infusión.

Mientras la infusión hierve, preparar otra poniendo los mismos conos de lúpulo en 1 litro de agua, que se hervirá durante media hora.

En un tonel pequeño, verter las dos infusiones obtenidas y agregar la levadura previamente diluida en un vaso de agua. Recubrir con 7 litros de agua y dejar fermentar durante 5 ó 6 días.

Cuando ya no se produzca más espuma, embotellar la cerveza añadiendo a cada botella una cucharadita de melaza o de azúcar en polvo. La cerveza refermentará en botellas, haciéndose de este modo más espumosa y burbujeante.

Cerveza de grama

3 kg de raíces de grama
700 g de azúcar cristalizado
500 g de bayas de enebro trituradas

10 litros de agua
20 g de levadura ·

Cortar las raíces de grama (hacerlo preferentemente en primavera u otoño) y ponerlas a secar. Picar las raíces y hacerlas germinar sobre una fuente plana, rociándolas de vez en cuando con agua tibia. Una vez los gérmenes hayan alcanzado una longitud de 1 cm, colocar la grama en un tonel junto con el azúcar cristal y las bayas de enebro.

Verter a continuación 3 litros de agua casi hirviendo. Remover y dejar la infusión en reposo hasta la mañana siguiente.

El paso siguiente consiste en añadir 7 litros de agua caliente y volver a bracear. Disolver luego la levadura en medio vaso de agua y mezclarla con el contenido del tonel. Habrá que cuidarse de no tapar el tonel completamente para permitir que el gas de la fermentación tenga un escape. Dejar en reposo durante alrededor de una semana, ajustando entonces perfectamente la tapa del tonel. La cerveza estará lista para ser consumida unos tres días más tarde.

Cerveza de bellotas

10 kg de bellotas de encina
30 g de conos de lúpulo fresco
15 litros de agua
15 g de levadura

Esta bebida de larga tradición, que en nuestros días ha sido lamentablemente olvidada, es un brebaje que resulta excelente para la salud si se tiene el cuidado de seguir bien los consejos de elaboración. Se trata de una cerveza de otoño por excelencia, puesto que es en esa época cuando los conos de lúpulo se encuentran bien maduros.

Para que el producto final sea el deseado, hace falta encontrar bellotas de encina sanas y maduras, que habrá que lavar con agua fresca, sobre todo si han tenido contacto con la tierra.

Colocar las bellotas adecuadas en un tonel, o bien en una artesilla de madera, y cubrirlas con agua fresca. Dejar que se maceren durante una quincena, cambiando el agua todos los días. Esta operación es obligatoria, pues los taninos de las bellotas podrían resultar peligrosos.

Retirar las bellotas al cabo de dos semanas, escurrirlas y aplastarlas. Colocarlas luego en un tonel pequeño y añadir los conos de lúpulo, que otorgarán a la cerveza su ligero amargor.

Recubrir con 15 litros de agua y añadir la levadura, previamente diluída en medio vaso de agua. Remover con una cuchara grande de madera para que la mezcla ligue bien. Dejar fermentar durante unas tres semanas y servir la cerveza fría.

Sepa cómo pedir su cerveza...

Pijiu, *chino*

Cerveja, *portugués, Brasil*

Pivo,
checo, ruso, Yugoslavia

Birah, *hebreo*

Piwo, *polaco*

Bira, *turco, búlgaro y griego*
(*griego Zytho-poeia: cervecería*)

dondequiera que se encuentre...

Birra, *italiano*

Ol, *danés, sueco, noruego*

Olu, *estonio, tártaro*
(Olut, *finés*)

Cerveza, *español, América
Latina, Filipinas*

Alus, *letonio, lituano*

Sör, *húngaro*

La cerveza y la salud

Es preciso prestar atención a las virtudes terapéuticas de la cerveza: sedante, digestiva, antiséptica y alimenticia, es quizá, si no la poción mágica de nuestro tiempo, un recurso de primer orden que no conviene dejar olvidado en el armario de los trastos.

⋍ *Embarazo.* Los componentes amargos del lúpulo resultan aquí de lo más indicados para combatir los problemas de digestión que con frecuencia padece la mujer embarazada. Eficaces estimulantes gástricos, facilitan la asimilación de toda clase de alimentos. Por otro lado, su acción sedante obrará maravillas en caso de trastornos neuro-vegetativos. Descontando desde luego el hecho de que, debido a su pobre contenido alcohólico, la cerveza no representa peligro alguno para el feto, siempre y cuando sea consumida con moderación.

⋍ *Lactancia.* Si la leche es el único alimento del recién nacido, la cantidad y calidad de la que la madre puede ofrecer dependen directamente de la alimentación de ésta. La cerveza aportará a la leche materna prótidos predigeridos, glúcidos asimilables y minerales tan indispensables como el calcio, el fósforo, el magnesio y diversas vitaminas, en especial la B. Asimismo propiciará que esa leche se produzca en mayor cantidad.

⋍ *Alimentación del niño.* En este punto, evidentemente, no se trata de buscar cervezas de lujo o *especiales,* que pueden abrir las

Las virtudes diuréticas de la cerveza, explicadas del modo más sencillo.

La bebida
de mister Músculo.

puertas del alcoholismo, sino de crudos de mesa cuya graduación no pase del 3 por ciento en volumen. Justamente porque debe llevar a término su crecimiento, el niño tiene necesidad de asimilar vitaminas, y muy bien puede encontrarlas en la cerveza. Al mismo tiempo que nutritiva, la cerveza es un estimulante ligero, tónico y reconstituyente. Una única reserva: habrán de evitarse los excesos y, para mayor seguridad, se optará por cervezas pasteurizadas.

≈ *Alimentación del deportista.* En su tesis de doctorado en medicina, André de Sambucy se lanza a efectuar un verdadero panegírico en este sentido: «Hoy por hoy la cerveza se ve injustamente desacreditada en los medios deportivos, cuando en realidad, a priori, no parece sino un líquido ligeramente azucarado, tónico por el alcohol y el ácido carbónico que contiene, que ingerido en dosis moderadas debería ejercer una acción favorable en el corazón y los músculos... No nos explayaremos en el papel del azúcar como alimento del músculo y su poder energético... El bajo contenido alcohólico de la cerveza, por lo demás, no puede considerarse nocivo en modo alguno; antes al contrario, se puede esperar de él un efecto estimulante si las dosis no son excesivas. Tal efecto estimulante se ve acentuado por la presencia del gas carbónico...»

≈ *Inapetencia o anorexia.* Fuera de los casos graves de anorexia, que sin duda necesitan del consejo facultativo, existen numerosos casos benignos, no menos peligrosos que los anteriores si se vuelven persistentes. En caso de inapetencia, se torna necesario abastecer al organismo de alimentos que el enfermo pueda aceptar con placer y al mismo tiempo le aporten los indispensables elementos de nutrición. La cerveza, agradable al paladar, fácilmente asimilable y poseedora de un contenido alcohólico suficiente como para producir efectos tónicos, es en esos casos el alimento más adecuado.

≈ *Digestión.* En el *Brewer's Digest* de abril de 1939, el doctor Tobey resume del siguiente modo las cualidades de nuestra bebida: «Por lo general la cerveza se digiere fácilmente, si hablamos de personas normales. Por añadidura parece desempeñar un papel beneficioso en la asimilación de otros alimentos dentro de un régimen alimenticio mixto. Es probable, en efecto, que un buen vaso de cerveza fresca y espumosa contribuya a la digestión estimulando el apetito, provocando abundante secreción de jugos gástricos y activando los movimientos del estómago.

Otro especialista, el doctor Aschner, asegura que «la cerveza es un brebaje que los estómagos hipotónicos toleran notablemente bien, en virtud de sus sustancias amargas y del ácido carbónico. Al mismo tiempo, se sabe que esas personas no toleran ni la leche, ni el agua ni los vinos ácidos...»

≈ *Hígados delicados.* En cierto modo el hígado funciona como barrera capaz de frenar y transformar las sustancias que le llegan, tóxicas o no, cuya cantidad resulta excesiva para la sangre. En esta tarea recibe el auxilio de preciosos ayudantes: los ácidos aminados (valina, licina, etc.). La cerveza, que contiene abundancia de dichos ácidos, puede, pues, desempeñar un papel importante al estimular la función protectora del hígado. Tanto más cuanto que el cuerpo no sabe fabricar ácidos aminados a partir de otros elementos.

≈ *Diuresis.* ¿Quién no conoce las virtudes diuréticas de la cerveza, debidas principalmente a las resinas del lúpulo? Estimulando la función renal, favoreciendo la eliminación de residuos, la cerveza contribuye a la desintoxicación completa del organismo.

≈ *Estreñimiento.* Debido con frecuencia a la insuficiente ingestión de líquido durante las comidas, el estreñimiento se tratará con éxito bebiendo seis veces al día un vaso de agua caliente. Este sencillo remedio será mucho más eficaz si tres de los seis vasos de agua se reemplazan por vasos de cerveza. Nuestra bebida contiene un 95 por ciento de agua y sustancias que facilitan la secreción salivácea, digestiva, biliar, gástrica e intestinal. La presencia de ácido láctico (que estimula la motricidad) hace de la cerveza un buen desinfectante del intestino, no menos eficiente que, por ejemplo, el yogur.

≈ *Nerviosidad.* Dos medios para remediarla: fortificar y calmar. Fortificante, la cerveza es también un soberbio sedante, pues a sus cualidades gustativas el lúpulo añade propiedades tranquilizantes e hipnóticas debidas a la lupulina. El doctor Parrish es concluyente: «Uno o dos vasos de cerveza son definitivamente preferibles a los sedantes y los narcóticos. La cerveza proporciona salud; los narcóticos la destruyen.»

∾ *Anemias.* En muchos casos la anemia puede vencerse mediante el recurso a una alimentación apropiada y una dieta tonificante. Es entonces cuando la cerveza se presenta como alimento casi completo. Si bien la cerveza no contiene mucho hierro, sí posee cobre y manganeso, importantes como fijadores del hierro en el organismo. La cerveza es un elemento dietético invalorable.

∾ *Insomnios.* Aquí es obvio el interés del lúpulo. En el campo es una antigua costumbre confeccionar para los insomnes almohadas rellenas de conos de lúpulo. Su fuerte poder hipnótico, es cierto, puede resultar perjudicial en dosis elevadas: en otros tiempos eran frecuentes las jaquecas entre los trabajadores de los pabellones donde el lúpulo se ponía a secar, y numerosos los accidentes derivados. Pero esta planta, en la cerveza, solo produce efectos benéficos: es un sedante ligero cuya acción soporífera se traduce en un sueño de arribo lento y un suave despertar.

Si todos estos remedios no han logrado convencerle de las bondades de la cerveza, tal vez lo consigan las palabras de Paul Petit en un artículo aparecido en la revista «Brasserie y malterie» (1931): «... Las estadísticas de mortalidad concernientes al personal de las fábricas de cerveza –es decir, a seguros consumidores de esta bebida–, revelan índices extremadamente bajos en períodos de epidemias que golpean duramente al resto de la población de una localidad determinada. Se puede citar al respecto la epidemia de cólera ocurrida en 1893 en Hamburgo, así como epidemias típicas que tuvieron lugar más recientemente en otras ciudades... De estas observaciones es posible deducir que el consumo de cerveza constituye una defensa excelente contra las enfermedades microbianas que se propagan por el sistema digestivo».

Los escritores seducidos por la cerveza

La literatura y el alcohol suelen hacer buenas migas. Pero si en Francia los escritores han sabido comprometerse de buena gana en la defensa de la tradición vinícola, la cerveza ha merecido su atención y sus elogios en medida mucho menor. La prueba la tenemos en Jules Vallès, quien, en un pasaje de *Une rue à Londres,* se pone a comparar la borrachera «grotesca» de los ingleses con la «elegante» ebriedad de los bebedores de vino. ¡Todo un ejemplo de mala fe!

«Nuestra borrachera es rosada, la de ellos negra; lleva por espuma la baba y el salivazo; la baba del furor, los salivazos de la epilepsia. A las puertas de las *public-houses* los hombres se pelean y ruedan bestialmente.

La cerveza y el gin de los ingleses inoculan cólera en la sangre y furor en la mirada, como si las heces de la *pale-ale* estuvieran hechas de hiel, comi si las gotas de gin fueran lágrimas caídas de los vacuos ojos de un loco.

Sin duda, nosotros poseemos licores que queman el cerebro; pero la absenta, por ejemplo, antes de hacer de yesca impulsa en cascadas el ardor y la inspiración. Esta Musa Verde, al menos, ha prodigado caricias a aquél que en ella se ha mojado los labios, y tal vez incluso haya alimentado la elocuencia y espoleado el genio.

Ninguna inspiración puede surgir de las jarras de metal ni de los picos de las botellas de cerveza.

Por lo demás, los ingleses se abalanzan sobre su veneno sin medida alguna. Se envanecen de su flema; pero, en plena borrachera, hunden el hocico en la jarra como perros capaces de sorber hasta la última gota del agua que les hará reventar.

¡Aquí todo el mundo bebe!

He visto al señor, en una magnífica calesa, durmiendo como una piedra contra la espalda de su criado.

He encontrado señoritas de buena familia que hipaban y profesores que iban haciendo eses con la Ilíada o los Evangelios bajo el brazo.

La «vil multitud» gasta más dinero en cerveza que en apaciguar el hambre. Vive de esa bebida como otros viven del pan. Por las bocas de las jarras sorbe la virtud arrebatada a los granos triturados, estropeada en su pasaje por los alambiques de las destilerías y las furiosas gargantas de los borrachos. Y sin embargo esos mismos borrachos, en su pesadilla, mastican su bebida como si todavía fuese trigo o lúpulo fresco.»

Jules Vallès: *Une rue à Londres*

Una caricatura inglesa del siglo XIX:
el pub, infierno y paraíso.

La visión de Pierre Mac Orlan es diametralmente opuesta. Le encanta la atmósfera de los pubs, ese ambiente cálido en el cual todo Londres se sumerge a beber una pinta de *ale* antes de que cada uno vuelva a su casa.

«Es preciso llevar dentro de uno el gusto de lo fantástico, y contar con el ligero poder de poblar las sombras, para recorrer Londres de noche en compañía de un viejo asmático. Fue en el azar de esos vagabundeos cuando encontramos a la muchacha caída, *the good bad girl,* y le ofrecimos un vaso de cerveza en un extraño barcito de la isla de los Perros, un bar minúsculo que para un inglés bien afincado no debía tener más importancia que la que acaso tenga *Le Lapin Agile* para un francés en igual estado de gracia social. En esa sala sobrecaldeada que hacía pensar en un sótano, hombres y mujeres seguían el ritmo de la danza que un viejo pianista interpretaba como un achacoso autómata a punto de desarmarse. En una mesa, un joven que se parecía a mí a la edad de diecinueve años se sostenía la cabeza con las manos delante de una pinta vacía.

Mi guía sacó del bolsillo del chaleco un enorme reloj de acero. Consultó la hora y me dijo:

«A estas horas, señor, en todas las ciudades del mundo civilizado hay cabarets como éste abiertos al público. Y en cada uno de esos cabarets, delante de una jarra de cerveza, un joven idéntico al que vemos pierde la esperanza. ¡Así es la vida! Y no es sino en el momento en que cada uno de estos jóvenes siente la necesidad de contar su historia cuando todo empieza a cambiar: el decorado, los sucesos y la historia misma. Vayámonos de aquí, señor».

Pierre Mac Orlan. *Villes. Londres*

Aún no sabemos si fue su amor por el vino o el descalabro total de la serie de conferencias que debía pronunciar en Bélgica lo que puso a Baudelaire tan de mal humor; pues cualquiera que conozca la calidad de las cervezas de Bruselas no dejará de asombrarse ante el juicio tan tajante como expeditivo que el *faro* mereció del autor de *Las flores del mal:*

«El *faro* se obtiene de esa gran letrina que es el Senne; se trata de una bebida extraída de los excrementos de la ciudad, sometidos a la acción de un aparato divisor. Es así como, desde hace siglos, la ciudad bebe sus propios orines.»

¡Nada menos!

Más adelante, Baudelaire inquiere a cierto señor Hetzel:

«– ¿Bebe usted *faro*? –le pregunté al señor Hetzel.
En su rostro barbudo vi asomar cierto horror.
– No, ¡jamás! (Lo proclamo a buen seguro.)
Es una cerveza bebida dos veces.

Así hablaba Hetzel en un café flamenco,

*Baudelaire, refractario hasta la muerte
a las delicias del* lambic.

enigmáticamente, sin duda, por prudencia,
y comprendí que era un discreto modo
de decirme: «El *faro* es brebaje de orines».

– «Observe bien que el *faro*
se hace con agua del Senne.
Se comprende pues de dónde nace su sabor.
¡Al fin y al cabo sólo es eso que llamamos agua!»

Baudelaire. *Pauvre Belgique.*

Otros autores se interrogan sobre las curiosas costumbres de los
bebedores de cerveza. En su correspondencia, Montesquieu refiere
lo siguiente:

«Cuando en un albergue o posta de Alemania pide uno agua de
beber, le traen agua cenagosa para lavarse las manos. Cuando uno da
a entender que lo que desea es algo que pueda beberse, el huésped o
el encargado del servicio se apresura a persuadirle de que el agua le
hará daño, que más le conviene beber vino o cerveza. En caso de que
uno insista, le traerán al fin un poco, muy poco, como para satisfacer
su peculiaridad. Basta que uno beba un sorbo de agua para que el
pueblo entero se eche a reír. Ya lo he dicho antes: pedir agua en un
albergue alemán es como pedir leche en los dominios de Darbou-
lin.»

Montesquieu. *Voyage en Europe.*

El juicio de Ernst Jünger sobre la cerveza está impregnado de
calma y objetividad: acaso, por ser Alemania un país tan cervecero
como vinícola, al escritor germano le sea más fácil comparar ambas
bebidas.

«Se prefiere la cerveza en aquellos
países donde el candeal madura rubio y
sincero, o la cebada, pudibunda, escuece
no bien uno la toca.»
Hebbel.

«Comparada con el vino, la cerveza actúa sobre todo en virtud de la cantidad; de lo cual, por lo pronto, es prueba la forma en que se bebe y la dimensión de los recipientes en que se sirve. Han de exceptuarse las pesadas, amargas cervezas negras, que dejan una marca de espuma morena en el vaso de plata, a la hora en que acaba la mañana, cuando uno se encuentra tan a gusto que el mundo entero lo envidia.

La cerveza no se bebe de a poco. En una sola jarra se podrían vaciar varias copas de vino. El hecho de beber, incluso si lo tomamos como un acto maquinal, debe amparar un placer particular: esos bebedores alborozados, como salidos de un cuadro de Jordaens, dan la impresión, en sus goces báquicos, de respirar un elemento líquido. Todo esto proviene del tiempo en que aún no se bebía cerveza en jarras, sino más bien hidromiel en cuernos...

...En los países del Norte se bebe como siempre se ha bebido. La cantidad de líquido que fluye del cuerno o de la jarra no debe considerarse en absoluto indiferente. Es parte integrante del acto. Beber no significa tan sólo aplacar la sed; a lo menos no aplacar una sed de género corriente. El emblema de cierta fábrica, que de tiempo en tiempo vuelvo a encontrar, resume perfectamente esa relación: «La cerveza vuelve la sed agradable».

Ernst Jünger. Acercamientos, drogas y ebriedad.

Se puede ser filósofo y al mismo tiempo sibarita. Si bien Baruch de Spinoza no nos ha dejado juicio alguno sobre la cerveza, al menos manifestó verdadero placer ante la perspectiva de una libación. Y parece ser que no era de los consumidores más insignificantes...

«Al muy eminente y muy penetrante filósofo B. de Spinoza.
... M. Bresser, al regreso de Clèves, ha enviado un gran cargamento de cerveza de su país; lo he comprometido para que os envíe medio tonel, cosa que me ha prometido hacer, añadiendo a ello las más amistosas salutaciones para Vos...»

G. H. Schuller,
Amsterdam, 14 de noviembre de 1675.

He aquí la respuesta del filósofo, tan veloz como entusiasmada:

Spinoza: una ética compatible con la cerveza de Holanda.

«... Os felicito por la llegada o el regreso de M. Bresser, nuestro tan honorable amigo. Le agradezco la cerveza prometida y testimoniaré mi gratitud por todos los medios posibles...»

B. de Spinoza,
La Haya, 18 de noviembre de 1675.

¡Prueba ésta, si hiciera falta alguna más, de que no todo el pensamiento occidental ha bebido en la fuente del vino grecolatino!

En Japón, la cerveza de arroz –paraíso artificial– libera al artista y lo lanza a la creación. Veamos cómo describe Takeda Sô el entusiasmo del gran maestro japonés Uragami Gyokudo:

«El maestro no se pone a pintar si antes no se ha impregnado bien de saké. Una vez ha cogido el pincel, ya no encuentra reposo. Cuando se detiene es porque está desanimado. Entonces vuelve a beber. A lo menos diez borracheras le hacen falta para concluir una pintura. Pero las obras que lo complacen son sublimes.»

Samurai, Gyokudo comienza en 1794, a la edad de cincuenta años, el aprendizaje de un arte que muy pronto llega a dominar. Por lo demás excelente jugador de *koto,* pinta y compone con pareja facilidad.

«Si bebo saké tañendo mi arpa, el saké sabe mejor.
Si toco después de haber bebido, los sonidos son más claros.
Un golpe de *koto*, un trago de saké: ¡la perfección!
¡En esos momentos el mundo cae en el olvido!»

Pero es en Bélgica donde la cerveza se yergue en soberana absoluta. Todo el país está impregnado de ella, fenómeno éste descrito con fervor por el gran poeta valón Emile Verhaeren:

«En cada taberna en verano; en invierno, en cada casa,

        allí donde la comarca
        se sienta a la mesa, día a día, y bebe,
        el burgomaestre es príncipe,
        pero el cervecero es el rey.

      Allí abajo está su fábrica, abigarrada y humosa,
      y se activa el calor y las calderas fermentan,
      y él mismo vigila, con el ademán y los ojos,
      el sordo y mudo trabajo del agua con los fuegos.

      Un aroma de cebada,
      no bien se cruza el umbral,
      invade el olfato, repentino;
      los gruesos caballos orgullosos
      pasan acarreando el peso
      de cien toneles llenos
      en dirección a la plaza
      y haciendo temblar un cristal,
      que en medio de la tarde centellea
      en las ventanas doradas del viejo ayuntamiento.
. . . .

Pronto hará quince años que el cervecero trabaja
y que la vida, son sus súplicas y anhelos,
se apretuja, aquí, allá, por todas partes,
en la malla que teje en torno a las tabernas callejeras;
de barrio en barrio su nombre ensancha su reinado.
Entre los bebedores que cabecean en sus sillas,
no bien aparece es él quien paga, y a su tiempo bebe,
y ellos lo siguen por muy lejos que los lleve.
Y así la bebida que vende todas las semanas
se esparce por la ciudad, orientando hacia él,
de casa en casa, corazones y espíritus;
ella es la fuerza pesada y el pensamiento lento
con que se siguen moviendo los cerebros asentados;
y en esos días de elecciones, cuando el poder tiene miedo,
es ella quien calienta, con brusco fuego, el ardor
que encierran las frentes alegres o sombrías;

es ella la que siempre desliza entre los dedos
el voto alerta y frío o el imprevisto voto
que cada cual, en su pasión, introduce en la urna.

En cada taberna en verano; en invierno en cada casa,

allí donde la comarca
se sienta a la mesa, día a día, y bebe,
el burgomaestre es príncipe,
pero el cervecero es el rey.»

> Émile Verhaeren.
> *Les villes à pignons.*

Invitación al viaje, la cerveza también es una iniciación. El héroe de *Al revés,* la novela de Huysmans, descubre Londres en plena rue de Rivoli de París:

«El carruaje se detuvo delante de la taberna. De nuevo se apeó Des Esseintes y penetró en una larga sala, sin dorados, oscura, dividida por tabiques de medio cuerpo en una serie de apartamentos semejantes a los *boxes* de las caballerizas. En esta sala, ensanchada cerca de la puerta, se erguían sobre un mostrador abundantes tanques de cerveza junto a jamones tan curados como viejos violines...

... Después de haber perdido el apetito desde hacía tanto tiempo, quedó confuso ante esas muchachonas, cuya voracidad le aguzó el hambre. Pidió un *potage oxtail,* se regaló con esa sopa de rabo de buey, crasa y firme a la vez que untuosa y aterciopelada. Luego examinó la lista de pescados, pidiendo un *haddock,* una especie de merluza ahumada, que le pareció loable, y, poseído de un hambre súbita al ver atracarse a los demás, comió un rosbif con patatas y se echó al coleto dos pintas de *ale,* excitado por el tenue sabor de leche almizclada que tiene esa cerveza fina y pálida.

Su hambre se colmaba. Mordisqueó un poco de queso azul de Stilton, cuya dulzura se impregnaba de amargor, picoteó una tarta de ruibarbo y, para variar, aplacó su sed con una *porter,* esa cerveza negra que trasciende a jugo de regaliz despojado de azúcar.»

> J.K. Huysmans.
> *A Rebours*

Por fin, y por encima de todo, la cerveza es una fiesta que tiene su indiscutible capital: Munich.

«Entonces se volvieron a encontrar delante de una construcción amplia y larga cuya fachada estaba pintada de colores vivos, y que, encima de una de sus puertas, exhibía un inmenso dibujo que representaba un buey. Se trataba de la tienda de asados del Buey (Ochsen-Braterei), pero la colmaba tal afluencia de gente que en la puerta habían colocado un hombre con los brazos en cruz a fin de disuadir a quienes pretendieran entrar.

... Después del aire frío y mordiente de octubre, el local estaba repleto de calor –una clase de calor reconocible entre miles: el calor de cientos de cuerpos reunidos en un lugar cerrado. Y, mezclado con ese calor, se difundía un irresistible olor de comida.

En centenares de mesas la gente devoraba al mismo tiempo toneladas de carne, sin dejar de beber de las grandes y espumosas jarras de cerámica ingentes litros de la fresca y fuerte cerveza de octubre.

Había un clamor denso e incesante, hecho de voces que se entrecruzaban y de un inmenso, pletórico tintineo de cubiertos y de pesada vajilla, un rumor que ascendía y se propagaba en oleadas agudas. Por los pasillos del centro y de los lados se movía y deambulaba sin cesar otro torrente de personas que infructuosamente buscaban sitios libres, inspeccionando la tan atestada extensión. Y las sólidas campesinas que cumplían la función de servir se lanzaban con temeridad, abriéndose paso entre la muchedumbre, llevando fuentes repletas de comida o media docena de jarras de cerveza en una sola mano, mientras la otra les servía para apartar violentamente de su camino los obstáculos humanos...

... Luego se precipitó hacia ellos una camarera que en cada una de sus robustas manos llevaba seis jarras rebosantes de espuma y plenas de la poderosa cerveza de octubre. Con la mayor de las cordialidades, con toda naturalidad, la muchacha les sonrió y dijo:

– ¿Dorada o negra?
Respondieron:
– Negra.

No habían acabado de responder cuando ella ya ponía en la mesa dos jarras espumosas y volvía a partir.

– Pero... esta cerveza –dijo Monk–. ¿Por qué cerveza? ¿Por qué todo el mundo viene aquí a beberla? ¿Por qué estos inmensos pabellones construidos por las fábricas más célebres, cuando toda Munich es conocida por su cerveza y existen en la ciudad cientos de restaurantes y cervecerías?

– Sí, sí –respondió Heinrich–, pero... es que –al decir estas palabras sonrió–... ésta es la cerveza de octubre...»

Thomas Wolfe. *The rock and the web.*

La conclusión de este panegírico de la cerveza se la dejaremos a Jean Jacques Rousseau:

«Para saber qué régimen es el más útil para la vida y la salud, es preciso averiguar cuál es la dieta observada por los pueblos que mejor se conservan, son los más robustos y gozan de una vida más prolongada... Un particular llamado Patrice O'Neil, nacido en 1647, acaba de casarse en 1760 por séptima vez... Este hombre nunca ha bebido otra cosa que cerveza corriente; siempre se ha alimentado con verduras y nunca ha comido carne, salvo en ciertos banquetes que ofrecía a su familia. Al presente tiene ciento trece años, oye perfectamente, tiene buen aspecto y camina sin bastón...».

Rousseau. *Émile ou de l'Éducation.*

Ilustraciones

Glosario

Abadía: fuerte cerveza belga, alta y a veces con poso. Toma su nombre de la abadía donde ha sido elaborada, de aquélla que ha vendido la autorización a una fábrica comercial, o simplemente de la que hay en la vecindad.

Ale: alta de las Islas Británicas, más antigua que los ingleses mismos. Posee una raíz común con la *ealu* de los celtas. La *ale* ha seguido a las tropas inglesas, de modo que volvemos a encontrarla en Estados Unidos, Canadá, Australia, etc. En Gran Bretaña cubre un amplio espectro, desde la *bitter* corriente hasta el *barley wine* sumamente alcohólico.

Alta: nombre genérico de la cerveza fermentada recurriendo a levaduras altas. Aromática, servida a temperatura ambiente a los efectos de que perfumes y sabores se manifiesten mejor, es más rica y con frecuencia más pesada que su prima, la cerveza baja.

Altbier: alta renana. La denominación «cerveza vieja» no es indicativa de una prolongada maduración en cava sino el tipo «antiguo» opuesto al tipo «nuevo». Son famosas las «cervezas antiguas» de Düsseldorf y Münster.

Baja: nombre genérico de la cerveza fermentada con levaduras bajas. De aroma muy franco, más sobria y menos aromática que su antepasada «alta».

Barley wine: «vino de cebada». La más fuerte de las *ales*.

Bitter: la cerveza corriente entre los británicos; absorbe más de las tres cuartas partes del consumo de *ale*. Se llama *bitter* porque es «amarga», es decir, bien lupulizada.

Blanca: cerveza belga de trigo candeal, alta, pálida, afrutada y ácida. Ha comenzado a desaparecer, sumergida bajo la profusión de *lagers* industriales.

Bock: baja alemana y austríaca, fuerte y densa. En el extranjero ha llegado a confundirse este tipo definido con la «dorada» alemana en general. Aparte de esto, la palabra *bock* designa simplemente a la jarra o vaso de un cuarto de litro.

Cerveza de malta: casi sería un pleonasmo si no se reservara este término para las *malzbiers* alemanas u otras «malta» de los Trópicos, poco alcoholizadas pero muy ricas en extractos de malta. Cerveza que se da a los niños, directamente o a través de la nodriza.

Dortmund: ciudad de la región del Ruhr que ha dado su nombre a una cerveza baja, clara, intermedia entre las *pils* muy lupulizadas y las *munich* muy malteadas. Se trata de un gusto medio, un poco internacional, que con frecuencia se confunde con la *lager*.

Doppel Bock: bock alemana que sobrepasa los 5˚ de alcohol. Las dobles bocks bávaras se designan a menudo recurriendo al sufijo *-ator*.

Eisbock: literalmente, «bock al hielo». Tercera categoría de *bocks,* es la más fuerte, y se obtiene por concentración de la cerveza a temperaturas extremadamente bajas. El contenido alcohólico sobrepasa los 8˚ y puede llegar a los 12˚, como en los casos de la Eku Kulminator o la Schäff.

Faro: en sus orígenes, una débil *lambic* cortada de la cerveza joven, servida en el vaso sobre un terrón de azucar (a la manera de la absenta) y consumida por los habitantes de la región de Bruselas. Hoy en día el *faro* de Bruselas es una *lambic* pre-edulcorada con azúcar cande.

Graduación: raramente las etiquetas explicitan la graduación alcohólica de la cerveza (según la nomenclatura Gay-Lussac). Los grados indicados corresponden a la densidad del mosto antes de la fermentación. He aquí algunos trucos:

– RFA, Austria, Suiza, Europa Oriental: multiplique la graduación Balling utilizada por 0,4. Así, la Eku anuncia 30˚ B que corresponden a unos 12˚ GL de alcohol.
– Europa y Estados Unidos: se anuncia en grados Plato. Mismo cálculo.
– Gran Bretaña: se anuncia la densidad inicial (OG) del mosto; por ejemplo, 1036 para la Thwaites Bitter. Tomando las tres últimas cifras y añadiendo una coma se obtendrá un 3,6, indicación ésta ligeramente sobrevalorada del contenido alcohólico.
– Francia: la graduación indicada coincide poco más o menos con el contenido alcohólico.
– Italia y España en ciertos casos: el porcentaje de extracto azucarado debe dividirse por 2,6. Así, 13 gradi indican aproximadamente 5˚.

Gueuze: una mezcla de dos o tres *lambics* de diferentes edades, embotellada de manera que el conjunto vuelva a fermentar. Pero desconfíe usted de los envases. Una cerveza ultrafiltráda que jamás haya conocido la sombra de una fermentación no tendrá de *gueuze* sino la etiqueta.

Kölsch: cerveza alta de la ciudad de Colonia y sus alrededores. Pálida, algo agria y afrutada.

Kriek: «cereza» en flamenco. Es preciso distinguir las cervezas de cebada a la cereza de las *gueuzes* de la misma fruta. Ambas son belgas y en principio excelentes, siempre y cuando las auténticas cerezas maceradas no se reemplacen por jarabe o mosto de frutas congelado.

Lager: cerveza baja internacional, muy estandarizada. La «dorada» proverbial.

Lambic: producto de la fermentación de un mosto sembrado (2/3 de cebada, 1/3 de candeal), proceso que según la tradición se realiza espontáneamente al aire ambiente, con una compleja flora de levaduras y bacilos ácidos. Entre uno y tres años después se obtiene una *lambic* joven o vieja. De la mezcla de ambas se obtiene la *gueuze* de Bruselas.

Marzenbier: o «cerveza de marzo»; categoría alemana que designa una *munich* más fuerte, consumida en primavera o durante las fiestas de la cerveza.

Munich: bávara, obviamente; muy malteada, baja, con una variedad dorada y otra oscura.

Pils: nombre que proviene de Pilsen, ciudad checa reconocida como la cuna de este tipo de cerveza baja, seca y muy lupulizada, dorada pálida de gran delicadeza aromática.

Porter: antepasada de la *stout* actual, de origen londinense, esta cerveza alta, densa y muy oscura pero relativamente poco alcohólica, poseía útiles cualidades reconstituyentes que le granjearon un tremendo éxito en el norte de Europa. La última *porter* auténtica dejó de producirse en 1973. Las cervezas actuales llamadas *porter* no son en realidad sino bajas oscuras y muy caramelizadas.

Rauchbier: «cerveza ahumada» cuya malta se ha secado con fuego de leña. Cerveza baja de Franconia que nació en Bamberg.

Reserva: una densa cerveza francesa que debe madurar en cubas de madera durante varios meses. Gustos malteados y lupulizados que dejan paso a sabores consistentes, un poco ásperos y mordientes. Cabe aclarar que de reserva algunas sólo tienen el nombre, habiendo sido edulcoradas y adulteradas para dar la ilusión de afrutado.

Stout: negra y muy lupulizada, esta cerveza alta es de origen irlandés. La *stout porter,* una *porter* «fuerte» o «vigorosa» ha pasado a la posteridad con el abreviado nombre de *stout.*

Temporada: designación belga que distingue a cervezas con frecuencia refermentadas, antaño preparadas en invierno durante la temporada baja del cervecero a fin de no dejar los toneles vacíos. Igual función que la *marzenbier,* bien que en este caso la «temporada» es una cerveza alta.

Trapense: alta y refermentada, se distingue de una «abadía» por su elaboración directamente controlada por los monjes cistercienses. Chimay, Orval, Rochefort, Westmalle y Westvleteren en Bélgica, y Koningshove en Schaapskooi, Holanda, son las seis únicas trapenses.

Weisse y Weizen: dos gemelas alemanas, llamada una Berliner Weisse o blanca de Berlín, y la otra Bayerischer Weize o candealizada bávara. Ambas son altas y a base de candeal, aunque la berlinesa es siempre muy pálida y turbia, ácida y débil en alcohol comparada con la bávara, más coloreada.

Bibliografía

Historia

MAURIZIO, *Histoire de l'alimentation végétale,* Payot, 1932 (una apasionante prehistoria de la cerveza...)

LATTERNER-STOFFEL, *La Bière a 6000 ans,* I.P.R., ed. 1962 (muy literario, pero bien documentado. Demasiado modesto en el título...)

HOFFMAN, *5000 Jahre Bier,* Metzner, 1956 (aún más modesto: las tablillas sumerias todavía no habían sido descifradas...)

URION y EYER, *La bière, art et tradition,* Istra, 1968 (ilustraciones muy bellas, texto un poco superado...)

DUMÉZIL, *Le festin d'immortalité,* Geuthner, 1924 (aunque su autor considera ingenuo este libro en comparación con sus trabajos ulteriores sobre la mitología indoeuropea, sigue siendo fecundo por lo que se refiere a la cerveza en Europa...)

HELL, *L'homme et la bière,* Gyss, 1982 (la cerveza alsaciana).

PATROONS, *Livre de la bière,* Standaard U., 1984 (la cerveza belga).

Das grosse Lexicon vom Bier, Scripta Verlag (la cerveza alemana).

THONE, *Schweizer Bierbuch,* F.S.W., Zurich (la cerveza suiza).

WAGNER, *Das grosse Buch vom Bier,* 1984 (la cerveza austríaca).

DONNACHIE, *A History of the Brewing Industry in Scotland,* J. Donald (la cerveza escocesa).

... sin olvidar *El Libro de los Muertos* egipcio, las sagas escandinavas o el *Kalevala* finlandés (20º runot, particularmente).

GRAND CARTERET, *Raphaël et Gambrinus,* 1886 y reed. 1985 (el arte en las cervecerías).

Técnica

VENE ET CORVAISIER, *La bière et la brasserie*, P.U.F., 1950 (una antigua vulgarización en la colección «Que sais-je?»).
PASTEUR, *Études sur la bière*, Gauthier Villars, 1876 (texto fundamental para la historia de las técnicas cerveceras).

Dietética

GUILPIN, *Bière et santé*, Èd. de la Planète, 1954 (abundancia de citas).
MAURY, *La bière, un aliment, un remède*, Corlet, 1985 (compilación).

Gastronomía

GUILPIN, *300 recettes de cuisine à la bière*, Valstar, 1958 (clásico).
GOCAR, *La cuisine à la bière*, R.T.L. Éd., 1984 (nada de nuevo).

Guías

IATCA, *Guide international de la bière*, A. Balland, 1970.
JACKSON, *Guide mondiale de la bière*, Oyez, 1977, y reed. Vander, 1985.
CAMRA, *Good Beer Guide*, Un. Press, Cambridge (edición anual para el amante de la ale auténtica en el país de los pubs y las bitters).

Índice